Christian Peitz
Ohne Bewusstsein

Christian Peitz (Jahrgang 1974) ist Diplom-Pädagoge und Autor. Seit 1994 schreibt er vor allem Märchen und Hörspiele, aber auch Novellen und pädagogische Fachtexte. Mehr als 250 seiner Märchenhörspiele wurden im Kulturradio des RBB gesendet. Viele seiner Märchen sind auch in Märchenbüchern und auf Hörspiel-CDs erhältlich.

Im August 1992 wurde der Autor Opfer eines tätlichen Angriffs, der nicht nur zu einer gefährlichen Verletzung führte, sondern auch Einfluss auf das weitere Leben hatte. In diesem Buch versucht Christian Peitz, die Tat und ihre Folgen mit dreißig Jahren Abstand aufzuarbeiten.

Christian Peitz

Ohne Bewusstsein

Die Geschichte einer Körperverletzung

TimpeTe

Für Martin.

Cover: Tabea Peitz, Lüdinghausen.
Herstellung: BoD GmbH, Norderstedt.
Verlag: TimpeTe, Lüdinghausen.

Taschenbuch: ISBN 978-3-944055-26-8
eBook: ISBN 978-3-944055-27-5

„Wir glauben,
Erfahrungen zu machen,
aber die Erfahrungen
machen uns."
Eugène Ionesco

Erwachen ohne Erinnerung

In den frühen Morgenstunden des 15. August 1992 erwachte ich in einem Krankenhausbett. Es war beinahe wie im Film: Um mich herum standen Geräte. Es rauschte, und ein pulsierender Piepton war zu hören. Ein Monitor überwachte meinen Herzschlag. Dem Bett gegenüber war ein Fenster zu einem anderen Zimmer, das ich als Dienstzimmer einordnete. Ich dachte angestrengt nach, hatte aber keine Erinnerung daran, wie und aus welchem Grund ich ins Krankenhaus gekommen war. Kopfschmerzen in einer mir bis dahin unbekannten Heftigkeit erschwerten mir das Nachdenken.

Schließlich entstand ein Gedanke, der schnell zur plausibelsten Erklärung wurde: Ich musste einen Flugzeugabsturz überlebt haben. Ich erinnerte mich daran, dass meine Eltern mit meinem Bruder und mir in den Urlaub fliegen wollten. Ich war 17 Jahre alt, und es sollte ein letzter gemeinsamer Familienurlaub werden. Noch einmal wollten wir Fuerteventura mit seinen weißen Sandstränden und dem fischreichen Essen erleben.

Ich spürte etwas an der Hand. Es war ein Notfalldrücker, den man mir mit Leukoplast angeklebt hatte. Möglicherweise lag es am Kopfschmerz, aber ich spürte keine Panik, sondern war irgendwie versucht, mein Schicksal, wie auch immer es aussah, zu akzeptieren.

Was war wohl mit meiner Familie? Ob mein Vater, meine Mutter und mein Bruder auf derselben Station lagen? Mit einem Mal brachen meine Gedanken ab, weil sich das Piepen unvermittelt verändert hatte. Anstelle des Pulsierens erklang nun ein durchgehender Ton. Ich deutete dies als sicheres Zeichen für mein Ableben, zumal auch mein Herzschlag nur noch als Nulllinie auf dem Monitor angezeigt wurde. Dies war für mich Anlass genug, den Notknopf zu drücken, damit schnell die Herz-Lungen-Wiederbelebung beginnen konnte.

Meine Irritation war groß, als kein hektisches Ärzteteam in den Raum stürmte, um mein Leben zu retten, sondern nur ein tiefenentspannter Krankenpfleger, der seine langen Haare zum Zopf gebunden trug.

„Hi, Christian“, sagte er. „Na, weißt Du noch, warum Du hier bist?“

„Bin ich mit dem Flugzeug abgestürzt?“, fragte ich und erwartete wohl ein Lob für diese Schlussfolgerung.

„Nein“, entgegnete er jedoch, weiterhin entspannt lächelnd. „Du hattest einen Zusammenstoß mit urdeutschen Elementen. Das habe ich Dir heute Nacht schon einige Male erklärt. Aber Du hast wohl eine schwere Gehirnerschütterung und kannst es Dir nicht merken.“

Darauf wusste ich nichts zu antworten. Krampfhaft suchte ich nach Erinnerungsbildern, die zu dieser Information passten. Doch da waren keine.

„Du wirst es vielleicht wieder vergessen, dann ruf mich einfach noch einmal.“

„Es war eine Schlägerei?“, fragte ich.

„Genau“, bestätigte er.

Er untersuchte mich. Vermutlich hat er meinen Puls und meinen Blutdruck gemessen. Ich war so sehr auf die Gedanken konzentriert, dass ich auf seine Handlungen nicht achtete.

„Ich glaube, das brauchen wir jetzt nicht mehr“, sagte er, entfernte dabei die Kabel und stellte den piependen Monitor ab. „Wenn Du Dich bewegst, löst sich immer irgendein Saugnapf, und dann macht der Monitor Alarm. Das hatten wir diese Nacht auch schon öfter. Bleibst Du jetzt wach?“

„Ja“, vermutete ich. Ich war benommen, fühlte mich aber nicht müde. In mir war das dumpfe Gefühl eines Rauschens, gerade so, als ob ich noch nicht mit Ort und Zeit verbunden war. So stellte ich mir einen Jetlag vor.

„Möchtest Du etwas trinken?“

Mein Mund war trocken, also bat ich um ein Glas Wasser. Er reichte mir einen Schnabelbecher.

„Nimmst Du den selbst?“

Ich nahm ihn.

„Ich heiße Tobias. Du kannst auch Tobi sagen. Auch das habe ich Dir schon einige Male erzählt, und wenn es nötig ist, erzähle ich es Dir gerne noch einmal. Ich komme in einer Viertelstunde, und dann schauen wir, ob Du das noch weißt.“

„Okay“, sagte ich. „Wo bin ich hier eigentlich?“

„Im Clemenshospital in Münster“, erklärte er. „Auf der Intensivstation. Brauchst Du noch etwas? Du hast gestern Abend schon ein Schmerzmittel bekommen.“

„Ich habe starke Kopfschmerzen.“

„Okay, dann bringe ich Dir gleich noch etwas.“

Als er die Tür hinter sich geschlossen hatte, begann mein schmerzender Kopf mit einem erneuten Versuch, die Informationen zu ordnen und mit Erinnerungen zu verknüpfen.

Ich war also an einer Schlägerei mit Rechtsradikalen beteiligt gewesen. Wie passte das in mein Leben? Ich hatte mit solchen Leuten nichts zu tun und war bislang auch nicht mit ihnen in Berührung gekommen. Ich kannte einzelne Jugendliche, die als „rechts“ galten. Ich vermutete aber, dass sie mich ebenfalls kannten, zumindest vom Sehen, und dass ich für sie vollkommen uninteressant war. Warum um alles in der Welt sollte ich mich mit Skinheads prügeln? Dass es falsch war, Skinheads und Neonazis gleichzusetzen, war mir damals noch nicht bewusst.

Dann fragte ich mich, wie heftig diese Schlägerei wohl gewesen war. Was das anging, hatte ich keine Erfahrungen. Natürlich kannte ich kindliche Rangeleien, aber wirklich geschlagen hatte ich mich nie. Die mir bekannten Filmschlägereien endeten nie im Krankenhaus. Die Prügelnden verpassten sich gegenseitig Fausthiebe ins Gesicht, gingen dann kurz zu Boden und standen einfach wieder auf. Manchmal benötigten sie einen Eisbeutel. Mehr nicht. Und ich lag ohne jede Erinnerung im Krankenhaus. Was war nur mit mir geschehen?

Rechts neben mir war ein Fenster, durch das ich Bäume sehen konnte. Es dämmerte langsam. Und es war ruhig. Die Morgenstimmung hatte etwas sehr Friedliches. Gleichzeitig war da dieses Rauschen in meinem Kopf. Und all meine Fragen blieben vorerst ohne Antwort.

Die Tür öffnete sich, und herein kam Krankenpfleger Tobias.

„Na, weißt Du, wer ich bin?“

„Tobi“, sagte ich.

„Erstklassig! Und wo bist Du hier?“

„Im Clemens“, sagte ich. „Intensivstation, weil ich von Skinheads verprügelt wurde.“

„Die gute Nachricht ist, dass Dein Gedächtnis seine Arbeit wieder aufgenommen hat."

Nachdem Pfleger Tobias mir die Kopfschmerztablette gegeben und den Raum wieder verlassen hatte, habe ich ihn nie wieder gesehen. Jedenfalls erinnere ich mich nicht daran. Schon am Morgen, ich vermute bei der Visite, entschied ein Arzt, dass ich die Intensivstation verlassen durfte. An den Moment der Entscheidung habe ich keine Erinnerung, wohl aber daran, wie mein Bett aus der Intensivstation in ein Krankenzimmer einer anderen Abteilung geschoben wurde.

Wenn ich an dieses Aufwachen zurückdenke, gibt es einige Erinnerungsbilder, vor allem aber denke ich daran, wie freundlich, fürsorglich und geduldig Pfleger Tobias mir begegnet ist. In jedem einzelnen Moment hatte ich das Gefühl, in guten Händen zu sein. Und die Art, wie er über diejenigen sprach, denen ich meinen Krankenhausaufenthalt zu verdanken hatte, zeigte mir, dass er aufrichtig und vorbehaltlos auf meiner Seite stand.

Ich war nach diesem Erwachen noch einige weitere Tage im Krankenhaus, aber Tobias, den ich nur kurz in diesen frühen Morgenstunden erlebt hatte, ist die einzige Person aus dem Team der Pflegekräfte, Ärztinnen und Ärzte, an die ich mich noch konkret erinnere. Überhaupt ist diese Situation, dieses Aufwachen die stärkste Erinnerung an meine Krankenhauszeit.

*

Der Begriff *Vorfall* bringt nicht im Entferntesten die Tragweite der Ereignisse zum Ausdruck, die mich ins Krankenhaus gebracht hatten. Dennoch werde ich ihn verwenden, denn ein einzelner Begriff kann der Sache ohnehin nur schwer gerecht werden. Seit dem Vorfall sind mittlerweile mehr als dreißig Jahre vergangen, und ich habe lange geglaubt, längst damit abgeschlossen zu haben. Doch heute weiß ich, dass es da eine Ebene gibt, mit der ich mich nie befasst habe. Dabei geht es nicht nur um Fakten und das Zusammensetzen von Erinnerungen. Auch ärztliche Befunde und gerichtliche Folgen sind nicht das Entscheidende.

Es geht darum, dass seinerzeit ein mir völlig unbekannter Mensch in Kauf genommen hat, dass ich erhebliche Verletzungen davontragen könnte. Dass das so war, wusste ich schon lange, aber erst jetzt hat es mich emotional wirklich erreicht. Aus dem Wissen ist eine Erkenntnis geworden, die ich nicht erwartet hatte und die stark spürbar ist: Immer wieder kreisen meine Gedanken um diese Ereignisse und haben dabei eine überraschende Intensität.

Die Erinnerung, Teil 1

Da ich keine eigenen Erinnerungen an den Vorfall aus dem August 1992 habe, bin ich auf das Gedächtnis anderer angewiesen. Gleichzeitig recherchiere ich und versuche, mir einiges zu erarbeiten. Ohne meinen Bruder läge vermutlich noch immer vieles im Dunkeln. Martin war damals dabei, quasi als einziger Zeuge, der wirklich durchgehend alles aus nächster Nähe miterlebt hat. Er war gerade 15 Jahre alt geworden und musste mit einer Situation umgehen, die wohl auch die meisten Erwachsenen überfordert hätte. Anders als ich hat Martin detaillierte Erinnerungen an den Vorfall, die sich durch die später gesichteten Unterlagen bestätigen ließen.

Eine „Erinnerung“. Ich finde immer wieder spannend, was Begriffe über sich selbst aussagen. Das Verb *erinnern* beginnt mit *er-*. Dieses Präfix kann unterschiedliche Bedeutungen haben. Unter anderem kommt es zum Einsatz, wenn ein Gewinn oder eine zielgerichtete Handlung zum Ausdruck gebracht wird. Somit steht *erinnern* in einer Reihe mit *erfahren*, *erreichen* und *erzielen*. Gleichzeitig ist der Eindruck, den der Wortbestandteil *-innern* hinterlässt, der einer aktiven Tätigkeit, die mit dem eigenen *Inneren* zu tun hat.

Sich zu erinnern bedeutet, eine Gedächtniskonstruktion hervorzurufen. Dabei gibt es einen Unterschied zwischen unserem Gedächtnis und einer Filmkamera: Die Kamera kann einen Film festhalten, der natürlich durch die Wahl der Perspektive, Schärfe, Farbsättigung und so weiter geprägt ist, aber alles in allem eine objektive Tendenz hat. In diesem Kontext ist auch bemerkenswert, dass wir das Linsensystem bei Filmkamera und Fotoapparat *Objektiv* nennen. Unser Gehirn hingegen arbeitet vollkommen subjektiv. Wir können uns noch so sehr um Sachlichkeit bemühen. Ereignisse werden auf Grundlage unserer individuellen Vorgeschichte, unserer Wahrnehmung und der Verfasstheit während einer Situation gedeutet. „Gespeichert“ wird nicht das Ereignis selbst, sondern eine mentale Repräsentation unseres individuellen Erlebens. Das Gehirn kann danach kaum mehr differenzieren, was der Wahrnehmung und was einer Deutung entsprungen ist.

So wundert es nicht, dass Erinnerungen bisweilen unterschiedlich ausfallen. Wenn verschiedene Zeugen zu einer Situation befragt werden, wird es im Ergebnis immer wieder Übereinstimmungen, aber eben auch Abweichungen in den Schilderungen geben.

Hinzu kommt, dass unser Gedächtnis, anders als die Kamera, ein deutlich geringeres Maß an Details aufnimmt. Dies wird beispielsweise bei der visuellen Wahrnehmung von Gesichtern deutlich. Unserem Gedächtnis genügt es in der Regel, wenn die Grundlage für ein Wiedererkennen geschaffen wird. Der Fotoapparat hält unzählige Details fest.

Eine Erinnerung, also der Rückblick auf ein im Gedächtnis vorhandenes Ereignis, wird von uns aktiv erzeugt. Jedes Mal, wenn wir sie abrufen, weil wir sie erzählen, zu Papier bringen oder darüber nachdenken, erzeugen wir diese Erinnerung neu. Die Kriminalpsychologin und Gedächtnisforscherin Julia Shaw beschreibt dies in folgendem Bild: Wenn wir uns erinnern, ist das so, als ob wir eine Erinnerungskarteikarte aus einem Register ziehen und lesen. Anschließend wird die Karte allerdings nicht wieder einsortiert, sondern durch eine neu geschriebene ersetzt. Diese neu geschriebene Karte kann dann in Details von der ursprünglichen abweichen. So ist es beispielsweise möglich, dass uns durch die Auseinandersetzung mit einer Erinnerung weitere Details einfallen. Die standen quasi auf anderen, verloren geglaubten Karteikarten und werden jetzt zusammengeführt. Ergänzungen können auch aus Gesprächen mit anderen stammen, die ihre Erinnerungen kundtun. Es ist kaum noch unterscheidbar, wer sich an was erinnert hat. Die erinnerten Inhalte können dann durchaus richtig sein, der Irrtum besteht darin, welcher Quelle die einzelnen Details entsprungen sind.

Es ist aber eben auch möglich, dass wir uns falsch erinnern, ohne es zu merken. Hierfür gibt es unterschiedliche Ursachen:

Es kann zum Beispiel sein, dass unser Gehirn eine Erinnerung erzeugt, dass diese aber lückenhaft ist, weil wir bestimmte Aspekte gar nicht wahrgenommen haben. Das Gehirn schließt diese Lücken auf logisch erscheinende Weise, weil es unvollständige Geschichten nicht mag. Für uns ist jedoch kaum unterscheidbar, was wir wirklich wahrgenommen haben, und was unser Gehirn erzeugt hat. Ein Beispiel für diesen Prozess stellt der Film *Psycho* von Alfred Hitchcock dar. In der Szene mit dem Mord unter der Dusche sieht man im Wechselschnitt immer wieder das Messer und die duschende Frau. Es ist nicht zu sehen, dass sie gestochen wird. Gleichwohl erinnern sich die meisten, nachdem sie *Psycho* gesehen haben, an die Stiche. Bezogen auf dieses Beispiel hat das Gehirn hier eine folgerichtige Deutung und Ergänzung vorgenommen. Es kann aber auch unzutreffende Ergänzungen geben: Ein Zeuge sieht im Straßenverkehr ein Auto, das deutlich zu schnell fährt. Wenige Sekunden später hört er einen Knall. Als er der Polizei den Raser beschreibt, wundert er sich, dass dieser gar nicht am Unfall beteiligt war.

Unser Gehirn merkt sich zudem nicht alles, sondern vor allem das, was ihm bedeutsam erscheint. Eine Folge sind Verdichtungen. Der Neurowissenschaftler Manfred Spitzer hat hierzu ein anschauliches Beispiel entwickelt: Wir können uns nicht an jede einzelne Tomate erinnern, mit der wir in unserem Leben zu tun hatten. Wir verfügen über eine allgemeine mentale Repräsentation. Unser Gehirn hat eine Regel erzeugt, die uns hilft, Tomaten zu erkennen und eine Vorstellung von ihren Eigenschaften zu haben. Das bedeutet, dass sich das erwachsene Gehirn oft nicht an viele Details erinnert, sondern hier und da Brücken zu bekannten Regeln baut. Kinder sind anders. Sie haben noch nicht so viele Regeln erzeugt und sind aufgrund ihrer Achtsamkeit für Details bei Memory und ähnlichen Spielen Erwachsenen oft überlegen.

Wenn wir in Situationen Stress erleben, zum Beispiel, weil wir große Angst haben, kann es sein, dass unser Gehirn, im Versuch uns zu schützen, keine Assoziationen erzeugt, sondern die unterschiedlichen Facetten der erlebten Situation getrennt verarbeitet. Die Erinnerungen können zwar sehr genau sein, werden aber quasi nicht auf einer, sondern auf unterschiedlichen Karteikarten festhalten. Diese als Dissoziationen bezeichneten Gedächtnisinhalte können Erinnerungsprozesse beeinflussen und Ergebnisse verfälschen.

Hinzu kommt das Phänomen der Scheinerinnerungen. Wenn andere uns etwas erzählen, das uns selbst betrifft, uns aber bis dahin überhaupt nicht bewusst war, dann kann es sein, dass wir uns später an diese Dinge erinnern und sie für eigene Erinnerungen halten.

Dies gilt selbst dann, wenn die Situationen tatsächlich niemals stattgefunden haben. Dazu gibt es Experimente: Probanden wurde nach Rücksprache mit deren Eltern erzählt, dass sie als Kinder im Einkaufszentrum ungewollt von ihren Eltern getrennt worden und allein umhergeirrt waren. Tatsächlich hatte sich das nie ereignet. Diese Geschichte arbeitete aber nun in ihnen weiter, das Gehirn ergänzte sie mit Erinnerungsbildern aus anderen Situationen, möglicherweise auch aus Filmen. Zu einem späteren Zeitpunkt wurden die Probanden befragt und erzählten bildhaft davon ihrer Odyssee durch das Einkaufszentrum. Sie hielten diese experimentell erzeugte falsche Erinnerung für ein tatsächliches Erlebnis.

„Sie dürfen nicht alles glauben, was Sie denken!“, hat Heinz Erhardt einmal gesagt. Ob er sich selbst bewusst war, dass dies nur vordergründig komisch ist, tatsächlich aber eine tiefe Wahrheit zum Ausdruck bringt?

Ein weiterer Aspekt ist im Kontext des Erinnerns beachtenswert: das Vergessen. Das Vergessen hat einen schlechten Ruf und wird im Alltag oft als Schwäche des Gedächtnisses betrachtet. Dabei ist dies eine sehr verkürzte Sichtweise. Das Vergessen ist in großen Teilen wichtig und macht das Gedächtnis letztlich leistungsfähiger. Es ist beispielsweise nicht von Vorteil, wenn man sich an jede einzelne Mahlzeit erinnert, die man in seiner Kindheit zu sich genommen hat. Daher merkt sich das Gehirn in der Regel die wiederkehrenden Mahlzeiten. Die meisten erinnern sich an mehrere konkrete Gerichte und daran, wie sie geschmeckt haben. Auch dies ist wieder eine Regel, vielleicht mit der Überschrift „die Speisen der Kindheit“. Die Einzelmahlzeiten werden nach und nach vergessen, also vom Gehirn gelöscht, um Ressourcen für Wichtigeres zu schaffen.

Realitätsnahe Erinnerungen, falsche Erinnerungen, vergessene oder voneinander getrennte Details, ... Unser Gedächtnis muss mit alldem jonglieren und möglichst sinnvolle und wahrhaftige Geschichten daraus erzeugen.

Meine eigene Aufarbeitung ist sich dieser Problematik bewusst. Wenn es hier also um Details geht, um szenische Schilderungen, dann gehe ich selbst davon aus, dass sie so ähnlich stattgefunden haben und im Kern wahr sind. Ich habe die Geschichten, die wir uns über den Vorfall und seine Folgen erzählt haben, mit Protokollen und Berichten abgeglichen, so gut es ging. Die Erlebnisse rund um den Vorfall, also zum Beispiel die Tage davor und der Krankenhausaufenthalt danach, erzähle ich so, wie ich mich daran erinnere, beeinträchtigt durch meine Kopfverletzung, durch dreißig Jahre, die seitdem vergangen sind, und durch die zu vermutenden psychologischen und neurologischen Effekte, die ich hier beschrieben habe.

Martin hat in den Tagen unmittelbar nach dem Vorfall gründlich protokolliert. Er hat sämtliche Erinnerungen schriftlich festgehalten. Die Polizei befragte zudem weitere Zeuginnen und Zeugen. Der Vorfall selbst ist also unstrittig und sein Ablauf und die Folgen sind relativ gut dokumentiert. So ist mir die Doppelrolle als Betroffener mit eigenen Erinnerungen und als möglichst objektiver Rechercheur nicht schwer gefallen.

Der Herr der Ringe

Als meine Eltern und Martin mich am Tag nach dem Vorfall im Krankenhaus besuchten, wurde das Ausmaß meiner Gehirnerschütterung etwas konkreter greifbar: Meinem Gedächtnis fehlten etwa vier Wochen. Ich konnte mich nicht an die zwei Wochen Urlaub auf Fuerteventura erinnern, die längst hinter uns lagen. Und auch die Tage danach lagen völlig im Dunkeln.

Neben all der Schwere und Bedrohlichkeit hat das Ganze jedoch auch eine Seite, die ich in Teilen komisch finde. Denn ich habe noch etwas vergessen:

In der Mittelstufe des Gymnasiums hatte ich ein starkes Interesse an Fantasy-Literatur und -Rollenspielen entwickelt. Ich hatte diverse Bücher des Genres gelesen, zum Beispiel *Der kleine Hobbit*, und auch mehrfach *Das schwarze Auge* gespielt. 1991 hatte ich im Rahmen einer Klassenfahrt nach Coesfeld in einer Buchhandlung die mehrteilige *Chronik der Drachenlanze* entdeckt und nach dem ersten Band, den ich mir dort kaufte, auch die Fortsetzungen besorgt und regelrecht verschlungen. Aus heutiger Sicht würde ich die Drachenlanze-Reihe als ziemlich leichte Unterhaltung einordnen, was für mich im Alter von

16 Jahren genau das Richtige war. Meine Eltern haben sich vermutlich darüber gefreut, dass ich überhaupt mal wieder freiwillig ein Buch zur Hand genommen habe. Die *Drachenlanze* hatte es geschafft, mein Interesse zu wecken, und dem folgte ich nun durch einige Bände, bis es sich nach und nach ausblendete.

In meinem Freundeskreis war zu der Zeit eher *Der Herr der Ringe* das Buch, das man gelesen haben musste. Ich hatte einige Anläufe genommen und war immer wieder daran gescheitert. Die ersten hundert Seiten waren spannend, danach interessierte es mich nicht mehr. *Der Herr der Ringe* war das alles überstrahlende Buch des Genres. Es stand qualitativ und quantitativ über den anderen. Und mir war es, ebenso wie zahlreiche Deutsch-Lektüren, einfach zu anstrengend. Die Drachenlanze-Bücher waren deutlich leichter zu lesen. Mehrfach hatte ich versucht, mich für *Der Herr der Ringe* zu begeistern, doch jedes einzelne Mal war ich nur etwa hundert Seiten weit gekommen. Die Geschichte war mir zu sperrig und berührte mich einfach nicht. Die Frage, was es genau mit diesem Ring auf sich hatte, der den Lauf der Welt zu steuern vermochte, ließ mich völlig kalt. Ich wollte *Der Herr der Ringe* lieben, so wie die anderen es taten, doch ich konnte es nicht.

Aber in diesem besagten Sommer 1992 hatte ich die Schwelle überwunden und las ohne jede Qual weiter und weiter. Vor allem im Urlaub auf Fuerteventura hatte ich in *Der Herr der Ringe* gelesen, dem grellen Licht am Strand trotzend. Es war keine richtig große Leidenschaft entstanden, aber ich betrachtete den Leseerfolg als Leistung und das Buch als ausreichend spannend. Wie weit ich gekommen war, kann ich nicht nachvollziehen. Vielleicht hatte ich das Buch sogar schon durchgelesen. Ich denke, ich muss dem Ende zumindest sehr nahegekommen sein.

Dann kamen der Vorfall und die Amnesie. Der Faden war schon wieder gerissen. So sehr ich mich auch mühte, ich fand nicht wieder in die Geschichte hinein. Ich blätterte in dem Buch herum und suchte einen Anknüpfungspunkt. Ich las lustlos hier und da ein paar Seiten, fand aber einfach keinen Anschluss. Entscheidend war jedoch, dass es mir im Grunde gleichgültig war. Es gab kein Gefühl mehr, etwas zu verpassen. Das Lesen von *Der Herr der Ringe* war aus einem mir unbekannten Grund nicht mehr wichtig. Sollten die anderen es lieben, für mich war es nun Teil einer Geschichte des Vergessens. Bis heute kenne ich das Buch nicht. Ich erinnere mich nur an die ersten hundert Seiten. Mehr nicht.

Viel später habe ich dann die Filme gesehen. Den grünen Schuber mit den drei Bänden im Taschenbuchformat, der mich damals nach Fuerteventura begleitet hatte, habe ich nicht mehr. Ende 1992 schenkte mein Vater mir zum Geburtstag eine neue Ausgabe von *Der Herr der Ringe.* Dieses rote Hardcover-Buch, das meine Freunde und ich damals „die Bibel“ nannten, steht als Erinnerung im Bücherregal. Ich freue mich, dass es da steht. Manchmal blättere ich darin herum. Den Impuls eines weiteren Lese-Versuchs habe ich nicht.

Insgesamt spielt das Genre *Fantasy* für mich keine große Rolle mehr. Das liegt vor allem daran, dass ich mich für die Darstellung von Schlachten nicht begeistern kann. Auch die Drachenlanze-Bücher habe ich nie wieder gelesen.

Statistik und Strafverfolgung

Laut Kriminalstatistik wurden im Jahr 1992 in Deutschland 164.994 Körperverletzungen bei der Polizei angezeigt. Hinzu kamen 84.101 gefährliche und schwere Körperverletzungen und sogar 271 mit tödlichem Ausgang. In der Summe sind das knapp 250.000 angezeigte Körperverletzungen.

Mich erschrecken diese Zahlen. Und sie sind seit 1992 erheblich angestiegen. Für das Jahr 2000 wurden insgesamt schon über 400.000 von der Polizei aufgenommene Anzeigen wegen Körperverletzungsdelikten erfasst. 2010 waren es mehr als 515.000 Fälle. Für 2020 wurden immer noch deutlich über eine halbe Million Fälle geführt. Die Zahlen waren im ersten Pandemiejahr gegenüber dem Vorjahr leicht rückläufig. Lockdowns haben auch ihr Gutes.

Zu beachten ist natürlich, dass die Kriminalstatistik nur die eröffneten Fälle darstellt. Im Jahr 2020 gab es bei den sogenannten *Verbrechen gegen die körperliche Unversehrtheit* 45.274 Verurteilungen, wobei die zugrundeliegenden Taten bereits im Vorjahr und noch eher begangen worden sein dürften. Mehr als 90 Prozent der Verurteilten waren männlich.

Bei den Körperverletzungsdelikten liegt die Zahl der Verurteilungen im Verhältnis zu den polizeilich eröffneten Fällen bei etwa zehn Prozent. Hinter dieser vermeintlich großen statistischen Diskrepanz kann vieles stecken:

Wenn ein Täter innerhalb weniger Monate mehrere voneinander unabhängige Körperverletzungen begeht, werden sie vor Gericht zu einem Verfahren und im Falle eines Schuldspruchs zu einer Gesamtstrafe zusammengefasst.

Es gibt auch Fälle, bei denen kein Täter ermittelt werden kann. Manchmal werden auch Strafanzeigen erstattet, die falsch oder vollkommen übertrieben sind. Dann werden die Ermittlungen eingestellt.

In anderen Fällen genügt die Beweislage nicht für eine Anklageerhebung. Es besteht kein hinreichender Tatverdacht. So banal es auch anmutet. Um eine Körperverletzung vor Gericht zu bringen, muss zunächst einmal der Körper verletzt sein. Dazu genügt es nicht, dass eine Person angibt, von einer anderen geschlagen worden zu sein. Idealerweise stellt ein medizinisches Gutachten die Verletzung und ihre Ursache plausibel dar. Zumindest glaubhafte weitere Zeugenaussagen sind erforderlich.

Es gibt auch Fälle, in denen das Ermittlungsverfahren gegen eine Auflage eingestellt wird, weil angenommen wird, dass diese Auflage geeignet ist, ein öffentliches Interesse an der weiteren Strafverfolgung zu beseitigen.

Zur Wahrheit gehört aber auch, dass es eine erhebliche Dunkelziffer gibt. Nicht jede Körperverletzung wird der Polizei bekannt. Und in Teilen ist Strafverfolgung wohl immer auch pragmatisch. Die Zuordnungen der angezeigten Handlungen zu konkreten Straftatbeständen sind nur ein Versuch, der Wahrheit möglichst gut gerecht zu werden. Wird beispielsweise wegen gefährlicher Körperverletzung ermittelt, kann am Ende auch nur eine Anklageerhebung wegen „einfacher“ Körperverletzung dabei herauskommen.

Für Opfer haben die Kategorien allerdings eine andere Bewandtnis. Sie dienen auch dem Gerechtigkeitsempfinden und sollen das erfahrene Leid zumindest in Teilen anerkennen.

Dass Strafverfolgung die hohen an sie gestellten Ansprüche kaum erfüllen kann, liegt in der Natur der Sache. Unser Rechtssystem ist differenziert. Es gibt kein *Auge um Auge*-Prinzip. Auch ein Täter hat Rechte. Es gilt die *Unschuldsvermutung*, und erst wenn ein Beweis für seine Schuld erbracht werden kann, wird dieser geprüft und in die Waagschale der Justitia gelegt.

Im Krankenhaus

Über all diese Dinge habe ich damals, 1992, noch nicht nachgedacht. Schon gar nicht, als ich im Krankenhaus lag. Da produzierte mein Kopf in Ermangelung einer Erinnerung eigene Bilder zu dem Vorfall. Ich dachte über Neonazis nach. 1992 gab es auf politischer Ebene die Republikaner und die noch relativ junge DVU. Ich erinnere mich, dass einmal ein Kaufmann aus unserer Region, den wir vor allem als Inhaber eines Schnellimbisses kannten, seine große Halle im Industriegebiet für einen Parteitag an die Republikaner vermietet hatte. Nie wieder setzten meine Freunde und ich einen Fuß in seinen Laden.

Hier und da gab es einzelne Jugendliche, die sich offen als der rechten Szene zugehörig präsentierten. Da der Vorfall mich ins Krankenhaus gebracht hatte, ging ich von mehreren Neonazis aus, denen ich in die Hände gefallen sein musste. Solche gewaltbereiten rechten Gruppen kannte ich allerdings bislang nur aus dem Fernsehen. In Münster, Lüdinghausen oder gar Senden waren mir noch nie welche begegnet. Dennoch stand für mich fest, dass es ein prügelnder, rechter Mob gewesen sein musste.

Ich sollte noch am Tag meines Erwachsens im Krankenhaus eines Besseren belehrt werden. Als meine Eltern mit Martin zu Besuch kamen, berichtete der mir, dass wir zu dritt unterwegs gewesen waren: Martin, unser gemeinsamer Freund Sascha, der eigentlich anders heißt, und ich. Martin schilderte, dass wir auf dem Weg ins Kino gewesen waren. Der Täter, eine Einzelperson, hatte uns provoziert und schließlich zugeschlagen, obwohl wir nicht auf seine Provokationen eingegangen waren. Dabei sei ich, so sagte Martin, eigentlich kurz davor gewesen, ihn zu Boden zu ringen, da ich seinen Fuß ergriffen habe, als er zu treten versuchte. Dann aber bin ich wohl durch ihn aus dem Gleichgewicht gebracht worden, gestürzt und hart mit dem Kopf aufgeschlagen.

Den Täter hielt meine folgende Benommenheit nicht davon ab, weiter auf mich einzuschlagen und zu treten. Ausgangspunkt des Ganzen war, so berichtete Martin, mein T-Shirt, das mich als Anhänger des 1. FC Köln auswies. Das hatte dem angetrunkenen BVB-Fan nicht gefallen.

Also musste der Täter sowohl rechts als auch Fußball-Fan sein und obendrein auch noch gewaltbereit. In welcher Eigenschaft hatte er uns nun angegriffen? War es rechte Gewalt? War es Fußballgewalt? Oder einfach nur Frust? Der Effekt war derselbe.

Das war im Groben die Geschichte, wie ich sie am Tag danach erstmals hörte. Meine Familie versuchte, sich um alles zu kümmern, was wichtig war: Mein Telefon am Krankenbett wurde freigeschaltet, ich bekam Süßigkeiten, meinen Walkman und etwas zu lesen. Ich bekam bald auch einen ausgeliehenen Gameboy. Und ich bekam eine Flasche Traubensaft. Menschen im Krankenhaus bekamen traditionell Traubensaft.

Eigentlich hätte ich an diesem Vormittag zum Gerätehaus der Freiwilligen Feuerwehr gehen wollen, gemeinsam mit N., der so wie ich der Jugendfeuerwehr angehörte. Samstags traf man sich zur Fahrzeugpflege. Daran nahm ich manchmal teil. Dabei war ich in der Feuerwehr keine große Stütze der Gesellschaft. Vieles fiel anderen deutlich leichter als mir. Ich hatte für Feuerwehrdinge kein großes Talent und auch nicht das Gefühl, richtig dazuzugehören. Aber ich sah in dieser ehrenamtlichen Tätigkeit eine Möglichkeit, mir den Wehrdienst zu ersparen und dabei einer sinnvollen Beschäftigung nachzugehen. Manchmal machte es tatsächlich auch Spaß.

N. hatte jedenfalls vergeblich am Treffpunkt auf mich gewartet. Daher rief meine Familie beim Gerätehaus an und ließ ihn über den Vorfall informieren.

Ich weiß nicht mehr, ob N. mich noch am selben Nachmittag oder am nächsten Vormittag besuchte. Jedenfalls ging ich mit ihm auf dem Krankenhausgelände spazieren, denn im Zimmer war es mir jetzt bereits zu langweilig. Ich glaube, es war ein eher kühler Sommertag, und die frische Luft habe ich als wohltuend in Erinnerung. Ob ich beim Gehen besondere Vorsicht walten ließ, weiß ich nicht mehr. Ich vermute es aber. Als ich danach zurück ins Zimmer kam, erwartete mich eine Krankenschwester in heller Aufregung.

„Herr Peitz, wo waren Sie?“, fragte sie.

„Spazieren“, entgegnete ich wahrheitsgemäß und unbekümmert. „Mit meinem Besuch.“

„Sie dürfen doch noch gar nicht aufstehen!“

Ich weiß nicht, ob man mir diese nicht ganz unwichtige Information bereits vorher gegeben hatte. Das möchte ich nicht ausschließen, aber ich hatte nun einmal nachweislich Gedächtnisprobleme. Es war mir in dem Moment tatsächlich nicht bewusst gewesen.

Obgleich der kurze Spaziergang eigentlich reibungslos abgelaufen war, durfte ich danach nicht einmal mehr zur Toilette gehen, sondern musste eine Bettflasche verwenden, was sich für mich nicht als Ideal-Lösung darstellte. Im Liegen eine Urinflasche zu verwenden, war an sich schon herausfordernd. Dann aber eine Krankenschwester herbeibimmeln zu müssen, die sie abholte, war mir mehr als nur ein bisschen peinlich. Zu meiner Erleichterung wurde mir der Toilettengang bald gestattet.

Mein Zimmernachbar, ich nenne ihn hier M., war etwa zwei oder drei Jahre älter als ich und hatte, wenn ich mich richtig erinnere, eine Operation am Bein vor oder hinter sich. Es ging um Schrauben, die geprüft oder entfernt werden sollten. Einige Wochen zuvor war er, so erzählte er damals, betrunken und als Mitfahrer auf einem Mofa unterwegs gewesen. Beim Versuch links abzubiegen, war das Mofa von einem gleichzeitig überholenden Auto getroffen worden. Genau an seinem Bein. Waden- und Schienbein waren durchgebrochen, was sich laut seiner Erzählung darin gezeigt hatte, dass er beim Versuch zu laufen „an einer komischen Stelle umknickte".

Das größte Problem von M. war allerdings nicht die medizinische Folge seiner Beinverletzung, sondern die praktische Schwierigkeit, im Krankenhaus an Jim Beam heranzukommen. Gemischt mit Cola war dies sein Lieblingsgetränk. Letztlich gelang es ihm einige Male, Besucher als Lieferanten zu akquirieren.

Anfang der 1990er Jahre war die Zeit von MTV. Musikvideos spielten eine große Rolle. 1991 und 1992 standen für Martin und mich im Zeichen von *Dire Straits*. Das Musikvideo zu

Calling Elvis mit den Marionetten der *Thunderbirds* lief auf MTV rauf und runter. Wir hatten Dire Straits wenige Wochen vor dem Vorfall in Köln bei einem Stadionkonzert live gesehen. Das Konzert war nicht im Nebel der Amnesie verschwunden. Auch im Krankenhaus muss ich mit meinem Walkman Songs von Dire Straits gehört haben. Das letzte Studioalbum *On Every Street*, das im Vorjahr erschienen war, hatte ich vermutlich da. Noch wahrscheinlicher waren allerdings selbst zusammengestellte Kassetten. Das Erstellen von Samplern gehörte damals zu meinen Hobbys. Wenn ich an das Krankenhaus denke, habe ich aber an konkrete Musik keine Erinnerung. Vielleicht war mir wegen der Kopfschmerzen das Musikhören auch gar nicht so angenehm.

Ich erinnere mich daran, dass mir das Spielen mit dem Gameboy wenig Freude bereitete, obgleich ich immer wieder versuchte, mich damit zu beschäftigen. Vielleicht überforderte es auch mein beeinträchtigtes Konzentrationsvermögen. Ich bekam als Mitbringsel meines Vaters Comics aus der Reihe *Isnogud*. Die besitze ich heute noch. An die Lektüre dieser Heftchen habe ich gute Erinnerungen.

Aber auch an regelmäßig auftretende Kopfschmerzen kann ich mich erinnern, und daran, dass mein Zimmernachbar M. für mich Fluch und Segen war. Auf der einen Seite versprühte er eine wohltuende Leichtigkeit, was die Schwere unserer Gründe, im Krankenhaus sein zu müssen, ausglich. Auf der anderen Seite sprach er nicht meine vernünftige Seite an, sondern die des unvorsichtigen Teenagers, der sich noch nicht richtig gefunden hatte. Ich konnte mich schlecht abgrenzen. Daher hing meine Bereitschaft, der Vernunft zu folgen, sehr von meinem situativem Umfeld ab. Meine Neigung, auch Einladungen zur Unvernunft anzunehmen, war nicht von der Hand zu weisen.

Letztlich kamen nicht Ärzte, sondern M. und ich darüber überein, wann für mich ein guter Zeitpunkt war, mich an Jim Beam-Cola heranzuwagen. Aus heutiger Sicht wäre „gar nicht“ meine Einschätzung. Damals fühlten wir uns sehr vernünftig, als wir uns auf „noch nicht sofort“ einigten. So sehr wir auch daran interessiert waren, die Zeit kurzweilig zu gestalten, hatten wir doch zumindest einen Funken Verstand, der uns sagte, dass Kopfverletzungen und Alkohol nicht unbedingt eine ideale Kombination darstellten.

Irgendwann aber habe ich Jim Beam-Cola mit ihm zusammen getrunken. Es brauchte nicht viel, um eine Wirkung zu spüren. Mir wurde davon schwindlig. Zum Glück war das so, denn auf diese Weise begrenzte sich der Konsum von selbst. Das Abenteuerlichste daran war sowieso nicht das Trinken, sondern der rebellische Anteil, den es hatte. Man schlürfte ein paar Schluck Cola aus der Dose und füllte den entstandenen Platz mit Whiskey auf. Die vermeintlich harmlosen Dosen ließ man dann offen stehen.

Wir arbeiteten Strategien aus, die es dem Pflegepersonal unmöglich machen sollten, uns zu erwischen. M. hatte die Flasche *Jim Beam* immer gut untergebracht. Einmal kühlte er sie sogar in einem vom Flur aus zugänglichen Kühlschrank, in dem Kältekompressen lagerten. Der Gipfel der Dreistigkeit. Aber er wurde nicht erwischt. Und auch unser Konsum fiel nicht auf. Aus heutiger Sicht denke ich, dass die Pflegekräfte den Alkohol gerochen haben müssen, und dass es ihnen vermutlich egal war.

Die kleinen Spritzen zur Thrombose-Prävention verabreichten wir uns selbst. Wir waren der Auffassung, dass wir uns so spritzen konnten, dass es nicht mit der Entstehung von Hämatomen einhergehen musste. Mit lockerem Schwung aus dem Handgelenk. Diese Selbsterhebung über das Pflegepersonal war durch nichts gerechtfertigt. Vielleicht kamen wir damit auch nur unserem Bedürfnis nach, uns stark zu fühlen. Einmal verabreichte M. seine Spritze einer toten Wespe. Durch M. hatte der Krankenhausaufenthalt stimmungsmäßig beinahe die Anmutung eines Zeltlagers.

Es waren die Ärzte, denen es doch immer wieder gelang, den Ernst der Lage greifbar zu machen. Neben der Gehirnerschütterung hatte ich auch andere Verletzungen davon getragen. Das waren diverse Schürfwunden und Hämatome, unter anderem seitlich am Hals. Wie waren diese Verletzungen wohl entstanden? Hatte ich tatsächlich einen Tritt am Hals abbekommen? Bei der Visite wurde täglich der Heilungsfortschritt in den Blick genommen und dokumentiert.

Allerdings schien meine Gehirnerschütterung besorgniserregender als die anderen Verletzungen zu sein, denn am Morgen des 20. August sollte ein CT gemacht werden. Was genau eine Computertomographie war, wusste ich damals nicht. Man erklärte mir, dass Bilder von meinem Gehirn gemacht werden sollten. Worüber diese Bilder Auskunft geben sollten, war mir nicht bekannt.

Ich kann mich aber noch daran erinnern, dass es im Krankenhaus keine Möglichkeit für eine solche Untersuchung gab. Man schickte mich mit dem Taxi zu einer Arztpraxis, die über eine geeignete Apparatur verfügte. Der Taxifahrer hielt am Straßenrand, unmittelbar vor der Praxis. Ich bestätigte auf einem

Formblatt per Unterschrift den Preis, der auf dem Taxameter zu lesen war, und stieg aus.

Mit dem Öffnen der Tür hätte ich beinahe eine in der Folge wüst schimpfende Frau vom Fahrrad gestoßen. Sie hatte gerade noch ausweichen können. Damals fühlte ich mich wegen meiner Unaufmerksamkeit schuldig. Heute frage ich mich, ob der Zustand meines Bewusstseins überhaupt ausgereicht hatte, um eine banale Aufgabe wie das umsichtige Aussteigen aus einem Auto zu bewältigen.

An die computertomografische Untersuchung selbst habe ich keine konkrete Erinnerung. Ich weiß heute, wie sie abläuft und kann mir auch vorstellen, wie es war, aber eine Erinnerung gibt es eben nicht. Als sie abgeschlossen war, fuhr ich mit einem anderen Taxi zurück ins Krankenhaus, war beim Aussteigen überaus vorsichtig und übergab den Briefumschlag, den man mir mitgegeben hatte, an das Personal auf „meiner" Station.

Wer damals davon gesprochen hat, weiß ich nicht mehr, aber es wurde nach dem CT gesagt, ich hätte *Wasser im Gehirn*. Mit dem Begriff *Gehirnerschütterung* konnte ich ja noch etwas anfangen. Ich hatte als Kind miterlebt, wie andere Kinder sich Gehirnerschütterungen zugezogen hatten. Was aber unter *Wasser im Gehirn* zu verstehen war, lag jenseits meiner Vorstellungskraft. Woher sollte dieses Wasser gekommen sein? Welche Auswirkungen hatte es? Wie würde es wieder weggehen? Und was wäre, wenn es nicht wieder wegging?

Heute würde man nach der Visite sein Smartphone bemühen und sich umfassend bei Dr. Google erkundigen. Damals hätte ich meine Eltern vielleicht darum bitten können, mir ein Fachbuch über das Gehirn oder über Kopfverletzungen zu besorgen, damit ich mich damit auseinandersetzen konnte. Noch naheliegender wäre es natürlich gewesen, die Ärzte um eine verständliche Erläuterung zu bitten. Das habe ich damals wohl nicht getan. Ich habe die Worte etwas ratlos hingenommen und gedacht, die Erklärung sei in der Sache ausreichend gewesen. Dass ich damit nichts anfangen konnte, musste an mir liegen. Ich war also selbst schuld, so dachte ich damals, dass ich nicht wusste, was *Wasser im Gehirn* genau bedeutete. Ich war ein inkompetenter Patient.

Kopfverletzung und Poesie

Wenn ich auf die letzten dreißig Jahre zurückblicke, dann sind Kopfschmerzen ein fester Teil meines Lebens. Sie ereilen mich mehrfach pro Monat. Das haben die Ärzte im Krankenhaus damals bereits angekündigt: „Sie werden immer mal wieder mit Kopfschmerzen zu tun haben." An diese konkrete Einschätzung eines Arztes erinnere ich mich gut. Es wäre aber zu einfach, jedes einzelne Auftreten von Kopfschmerzen in meinem Erwachsenenleben auf den besagten Vorfall zurückzuführen.

Zusammenhänge sind selten so einfach. Der Mensch ist ein komplexes Wesen mit einer in aller Regel vielschichten Biografie und unterschiedlichen individuellen Voraussetzungen zur Verarbeitung schwerer psychischer und physischer Belastungen.

Für Kopfschmerzen gibt es unterschiedlichste Ursachen. Das wird auch bei mir der Fall sein. Ich halte es aber für sehr wahrscheinlich, dass so mancher Kopfschmerz meines Lebens tatsächlich auf den Vorfall zurückzuführen ist. So habe ich zum Beispiel Kopfschmerzen bei Wetterumschwüngen vorher nicht gekannt. Seit diesem Vorfall kommen sie immer wieder vor. Tage zum Beispiel, an denen die Temperaturen morgens in der Nähe des Gefrierpunkts liegen und mittags zweistellig sind, bringen sehr häufig Kopfschmerzen mit sich. Ebenso geschieht es, wenn der Luftdruck sich verändert. Mein Kopf arbeitet dann ähnlich wie ein Barometer.

Ich erinnere mich, dass ich als Kind oft mitbekommen habe, wie ältere Leute an körperlichen Symptomen festmachten, dass ein Wetterumschwung bevorstand, und dies auch kundtaten: „Ich habe dicke Füße, morgen gibt's Gewitter." Das hatte ich als Kind immer als abenteuerlich abgetan und in der Nähe der Wahrsagereien auf Jahrmärkten eingeordnet, wie ich sie aus den Hörspielkrimis kannte. Heute sagt mir mein Kopf auch hin und wieder, dass ein Wetterumschwung bevorsteht.

Die Kopfschmerzen entwickeln sich dann schleichend und entfalten sich über ein paar Stunden bis zum Eintritt des Gewitters. Im schlimmsten Fall befällt der Schmerz sogar den Sehnerv. Ich habe mich daran gewöhnt, ab einem gewissen Schmerzniveau Schmerzmittel zu nehmen, die in aller Regel Abhilfe schaffen.

Bei einer Fortbildung, die ich Ende 2022 besuchte, kam ich in der Pause mit meinem Kollegen Philipp ins Gespräch, der sich mit Opferentschädigungsrecht beschäftigt. Im Laufe des Gesprächs erzählte ich ihm von dem Vorfall und den Symptomen. Dass ich keinen Anspruch auf einen Opferentschädigungsausgleich haben würde, war mir klar. Dies bestätigte er auch. Zum einen würde es nach dreißig Jahren unmöglich sein, die konkreten Langzeitfolgen des Vorfalls zu definieren, indem man auch plausibel darstellte, was nach dem Vorfall anders war als vorher. Genau das wäre aber als Bemessungsgrundlage zwingend erforderlich.

Zum anderen hatte ich die Tür zu einem eventuellen Opferentschädigungsausgleich selbst zugeschlagen. 1992, mit 17 Jahren, war ich nicht in der Lage, mir langfristige Auswirkungen und ihre Bedeutung vorzustellen und mich mit ihnen von Anfang an angemessen auseinander zu setzen. Ich hatte damals im Krankenhaus andere Ziele: Ich wollte entlassen werden, nach Hause fahren und die verbliebenen Tage der Sommerferien in einer Weise begehen, die sich zumindest ein wenig nach Ferien anfühlte. Deshalb habe ich gelogen. Irgendwann begann ich, den Ärzten zu erzählen, dass es mir wieder ganz gut ging. Ich dachte, dass ich gegen Schmerzen Tabletten nehmen konnte, dass ich aber zu Hause besser aufgehoben wäre als im Krankenhaus. Ich wollte auch keine Untersuchungen und vor allem keine Beschränkungen mehr erdulden. Auch würde ich mit der verbliebenen Scham aus dem Beinahe-Unfall mit der Fahrradfahrerin zu Hause besser abschließen können.

Die Folge meiner damaligen Lügen bezüglich meines Zustandes war natürlich, dass die Ärzte meine gute Genesung entsprechend meinen Angaben dokumentiert haben. Auf dem Papier gibt es also keine mittel- oder langfristigen Folgen. Und spätestens das schließt die Tür zum Opferentschädigungsausgleich. Mittlerweile habe ich in den Unterlagen, die mein Vater aufgehoben hat, sogar einen ablehnenden Bescheid zu einem damals gestellten Antrag gefunden.

Philipp stellte mir aber noch eine ganz andere Frage, über die ich auch schon mehrfach nachgedacht hatte: „Hat sich danach Deine Persönlichkeit verändert?“

Er fragte das so, als ob er die Antwort längst erahnte. Mit einem wissenden Grinsen. Und die Antwort lautete aus meiner Sicht eindeutig: „Ja!“

Auch hier wird die Darstellung einfacher Zusammenhänge der Sache möglicherweise nicht gerecht. Dennoch gab es in der Zeit nach dem Vorfall eine deutliche Veränderung in meinem Leben.

Als ich Mitte der 1980er von der Grundschule auf das Gymnasium wechselte, zeigten meine Leistungen in eine bestimmte Richtung. Sowohl meine Eltern als auch meine Klassenlehrerin kamen zu der Einschätzung, dass meine Schwerpunkte eher im mathematischen Bereich liegen würden, und dass ich in Deutsch möglicherweise mittelfristig weniger gute Leistungen erbringen würde. Meine Klassenlehrerin machte dies vor allem an einer gewissen Knappheit meiner Darstellungen fest.

Im Rückblick gebe ich ihr da vorbehaltlos Recht. Meine Aufsätze waren in der Grundschule immer in Ordnung gewesen. Aber sie gingen nie über das unbedingt Notwendige hinaus. Ich war wenig ehrgeizig, meine Motivation war begrenzt und mein Talent vermutlich auch. Wer farbenfroh ausgeschmückte Texte zu lesen wünschte, war bei mir an der falschen Adresse.

Mein mathematischer Verstand hingegen bescherte mir ein müheloses Zurechtkommen. Ohne große Anstrengungen lag ich in aller Regel bei *gut plus*, denn eine Klassenarbeit, in der ich mir keinen Flüchtigkeitsfehler leistete, gab es in meiner Erinnerung auch nicht. Alles in allem war ich aber in der Lage, meine Aufgaben schnell und in aller Regel korrekt zu lösen.

Die Prophezeiung meiner Grundschullehrerin bewahrheitete sich früh. In der fünften und sechsten Klasse zeichnete sich bereits ab, dass mir Mathematik deutlich leichter fiel als die

Sprachen. Zwar war ich im Lateinischen zu Beginn sehr gut, aber das hielt nicht lange.

Die Jahrgangsstufen sieben, acht und neun meiner Schullaufbahn werte ich als vollständigen Ausfall, vermutlich auch durch die Pubertät geprägt. Einmal jedoch wurde ich nur deshalb versetzt, weil mein Deutschlehrer meine Leistungen gnädig mit *ausreichend* bewertete. Rechnerisch hätte es auf Grundlage der Klassenarbeiten auch das Resultat *mangelhaft* ergeben können. Er nannte das damals eine „Vier auf Kredit".

So wundert es nicht, dass ich mich in der Jahrgangsstufe elf bei der Wahl meiner Leistungskurse auf Mathematik und Physik festlegte. Darüber hinaus hatte ich mich auch als einer von wenigen unserer Jahrgangsstufe für den Informatik-Unterricht entschieden. Einen Monat vor dem Vorfall hatte ich mein Zeugnis der Jahrgangsstufe elf erhalten. In Physik und Informatik hatte ich jeweils eine Zwei und in Mathematik eine Drei erreicht.

Das sind zwar keine Noten, die auf eine besondere Begabung in diesen Fächern hindeuteten und eine Karriere wie zum Beispiel bei der NASA in Washington nahelegten, aber man muss bedenken, dass sich mein Engagement in schulischen Zusammenhängen auf das unbedingt Erforderliche beschränkte. Und aus dieser Sicht war eine Drei im Mathe-Leistungskurs ohne jede Anstrengung keine schlechte Leistung. Meine Hobbys waren mir immer wichtiger gewesen als die Schule. In Deutsch war meine Leistung einmal mehr mit *ausreichend* bewertet worden.

Es schien also so, als ob der mathematisch-technische Bereich weiterhin meine Richtung vorgeben würde. Konkrete Vorstellungen für eine Zeit nach der Schule hatte ich nicht. Ein

Ingenieurberuf oder eine Tätigkeit im Bereich Wirtschaft oder Informatik waren aber damals, im Juli 1992, nicht unwahrscheinlich.

Nach dem Vorfall veränderte sich das. Ich verlor mein Interesse an Mathematik und Physik vollständig, hing aber in den Leistungskursen fest, sodass ich sie nur um den Preis eines Wiederholungsjahres hätte ändern können. Und dieser Preis schien zu hoch zu sein, zumal auch nicht sicher war, ob ich vielleicht nur ein temporäres Tief zu bewältigen hatte. In Informatik verschlechterte ich mich schnell um zwei Notenstufen und wählte das Fach nach der Jahrgangsstufe zwölf ab.

Meine Noten in den Leistungskursen bewegten sich in den vier abiturrelevanten Halbjahren im schwächeren Dreierbereich, was ich aber auch darauf zurückführe, dass die Lehrer mich mochten und mir dankbar waren, dass ich die Kurse gewählt hatte. Mathematik und Physik zählten zu den kleinen Leistungskursen unserer Jahrgangsstufe. Meine schriftlichen Leistungen wurden oft mit *ausreichend* bewertet. Die mündliche Beteiligung zählte aber mit, und da hatten meine beiden Lehrer einen größeren Spielraum. In der Abiturprüfung wurde meine Physik-Klausur mit *befriedigend minus* und die in Mathematik mit *ausreichend* bewertet. Immerhin.

Anders lief es im Deutschunterricht. Da verbesserte ich mich im Laufe der Oberstufe, und das, obgleich ich in der Jahrgangsstufe 13 in den Deutschkurs wechseln musste, dessen Lehrer den Ruf hatte, zu den strengsten der Schule zu gehören. Ausgerechnet bei ihm gelang mir ein Sprung von *ausreichend* im ersten Halbjahr auf *befriedigend plus* im zweiten, was Schulfreunde, die mit mir in diesem Kurs gesessen hatten, als überaus verdient und außerdem als Ritterschlag eines strengen Lehrers bewerteten. In Religion verbesserte ich mich von *ausreichend* auf *gut*, und das Fach Literatur, das ich in der Jahrgangsstufe 13 als Alternative zu Kunst und Musik wählte, schloss ich mit der Bestnote ab.

Und es waren nicht nur diese Noten, die auf eine Veränderung hindeuteten, sondern auch mein gesamter Umgang mit der Schule. Bisher war ich zur Schule gegangen, weil man das eben tat. Dabei spürte ich nicht die gesetzliche Schulpflicht im Nacken, sondern viel mehr den Druck der Konvention. Spätestens ab der siebten Klasse hatte ich kein Interesse mehr an Unterrichtsinhalten. Die Sinnhaftigkeit dessen, was da vermittelt wurde, erschloss sich mir nicht. Im Grunde lebte ich in zwei unterschiedlichen Welten. Da gab es das wirkliche Leben, in dem Familie, Freunde und lange auch das Fußballspielen bedeutsam waren. Und dann gab es die Schule, in der Vokabeln, geschichtliche Daten und das Periodensystem der Elemente gelernt werden mussten. Aber wozu, wenn es doch mit dem „echten Leben" gar nichts zu tun hatte? Der Schulbesuch erfolgte für mich ausschließlich aus sozialen Gründen. Alle gingen zur Schule, also war die Schule für mich vor allem der Ort, an dem soziales Leben stattfand, das ärgerlicherweise immer wieder vom Unterricht unterbrochen wurde.

Nach dem Vorfall, in den Jahrgangsstufen 12 und 13, änderte sich das. Ich begann, mich für Unterrichtsinhalte zu interessieren, und zwar in Fächern, die für mich bis dahin überhaupt keine Rolle gespielt hatten: Deutsch, Literatur und Religion. Ich spürte Vorfreude auf den Unterricht und beschäftigte mich auch darüber hinaus ohne jeden Druck mit den Inhalten. Ungünstig war, dass gerade diese Fächer nicht Teil meiner Abiturprüfungen sein sollten.

Auch mein Umgang mit Kultur veränderte sich. Vor dem Vorfall hatte ich mich auf das Lesen trivialer Fantasy-Romane („Drachenlanze“) beschränkt, wenn ich überhaupt einmal ein Buch zur Hand genommen hatte. Mit *Der Herr der Ringe* hatte ich mich schwer getan.

Nun entwickelte ich ein Interesse für Bücher, die sich deutlich von meinen bisherigen Lieblingslektüren unterschieden. Als ich ein Jahr nach dem Vorfall drei Wochen meiner Sommerferien in England verbrachte, nahm ich unter anderem Goethes *Faust* als freiwillige Urlaubslektüre mit und las viel darin. Im Unterricht war *Faust* für mich längst abgeschlossen. Gleichzeitig stand fest, dass ich in Deutsch keine Prüfung ablegen würde. Aus pragmatischer Sicht war es also gar nicht sinnvoll, mich weiter mit diesem Text zu beschäftigen. Aber er faszinierte mich.

Nach dem Abitur entschied ich mich für eine pädagogische Ausbildung und begann früh damit, Geschichten für Kinder zu schreiben. Während der Ausbildungszeit lernte ich Stephan Holzapfel kennen, der damals einen Mitstreiter für eine Kinderradiosendung im Bürgerfunk suchte. So begann ich, anstelle von Vorlesegeschichten Hörspielskripte zu verfassen und war auch an den Produktionen beteiligt.

Seit Februar 2001 ist das Schreiben und Produzieren von Märchenhörspielen mein Nebenberuf. Darüber hinaus habe ich zahlreiche Fachtexte veröffentlicht, als Autor an der Produktion von Fachmedien mitgewirkt und zudem Märchenbücher und Novellen geschrieben. Das sagt natürlich nichts über die Qualität meines Schreibens, dokumentiert aber deutlich meine veränderten Interessen.

Beim Umgang mit Texten, egal ob ich sie lese oder höre, ist mir die sprachliche Gestaltung ebenso wichtig wie der Inhalt. Der Autor Peter Rühmkorf (1929-2008) hat seinem Buch *Agar Agar Zaurzaurim* den Untertitel *Von der Naturgeschichte des Reims und der menschlichen Anklangsnerven* gegeben. Er stellt unter anderem dar, warum der Mensch für Reime und Anklänge empfänglich ist.

Ich würde über mich sagen, dass ich seit dem Vorfall ausgeprägte *poetische Anklangsnerven* habe. Ich grenze dabei Poesie von Lyrik ab. Poesie ist für mich eine sprachästhetische und atmosphärische Qualität von Texten, unabhängig von ihrer Gattung. Vielleicht hatte ich diese *poetischen Anklangsnerven* schon vorher, aber sie lagen im Verborgenen und haben keine erkennbare Rolle gespielt. Heute empfinde ich sie als prägend.

Dabei muss es nicht Goethes *Faust* sein. Eigentlich lese und höre ich heute ganz andere Texte. Dazu zählen vor allem Erzählungen, Novellen und Märchen. Ich mag beispielsweise die bildhafte Sprache, mit der Hans Christian Andersen seine Märchen gestaltet hat. Allein der Anfang von *Die Nachtigall* entfaltet aus meiner Sicht eine besondere poetische Kraft. Der Subjektivität meiner Empfindungen bin ich mir bewusst. Poesie ist keine objektivierbare Messgröße.

Texte müssen für mich nicht komplex sein oder als literarisch hochstehend gelten. Sie sollen, und das ist beinahe schon eine banale Anforderung, Lesende inhaltlich und ästhetisch anregen. Für sprachästhetische Anregungen muss man allerdings empfänglich sein. Und diese Empfänglichkeit erlebte ich bewusst erst nach dem Vorfall.

Für mich sind Momente, in denen ich von bislang fremden Texten berührt werde oder in schon bekannten neue Details entdecke, immer wieder faszinierend. Manchmal bleiben einzelne Formulierungen oder sogar ganze Sätze in mir hängen wie die Melodie eines Liedes. Tagelang bewegen mich dann die erinnerten Worte. Andere Texte enthalten Beobachtungen, Szenen oder Bilder, die ich als besonders anregend betrachte, und die immer wieder den Weg in meine Gedanken finden.

Wenn man in Hans Christian Andersens Märchen *Das hässliche Entlein* auf die Details achtet, lassen sich einprägsame Bilder entdecken. Da wird die Hütte beschrieben, die so baufällig ist, dass sie nicht weiß, zu welcher Seite sie umfallen soll. Nur deshalb bleibt sie stehen. Spiegelt sich darin nicht das menschliche *Funktionieren* wider, wenn man unter schwierigsten Bedingungen seinen Alltag gerade noch bewältigt? Später wird das Zufrieren eines Sees beschrieben, aus dem das Entlein sich nicht mehr aus eigener Kraft befreien kann, und die Beschreibung kann als Sinnbild einer schleichend einsetzenden Depression gelesen werden.

Solche Entdeckungen ereignen sich beim Lesen, aber auch das Hören von Dialogen aus Hörspielen oder Filmen kann derartige Wirkungen auf mich entfalten, seit meine *poetischen Anklangsnerven* erwacht sind.

Davon, allerdings weniger ausführlich, erzählte ich meinem Kollegen Philipp Ende 2022 am Rande der Fortbildung. Aus meiner Sicht, und das ist die Kurzfassung, hat sich mein Schwerpunkt aus dem mathematisch-technischen in den poetischen Bereich verlagert.

Ich habe in dem Vorfall immer etwas gesehen, das sich verändernd auf mein Leben ausgewirkt hat. Aber dies war eine subjektive Bewertung. Ich war mir nicht sicher, ob das aus wissenschaftlich-objektiver Sicht wirklich so sein konnte.

Doch im Grunde liegt es auf der Hand: Wenn man den Zusammenhang von A *(in meinem Fall die Folgen des Vorfalls)* und B *(bei mir die Entdeckung der poetischen Anklangsnerven)* darstellt, unterscheidet man vor allem drei mögliche Arten von Beziehung: Kausalität, Korrelation und Koinzidenz.

Bei der *Kausalität* wird A als Ursache für B gesehen. Ohne A würde es also B nicht geben. Die Hirnverletzung hätte mich dementsprechend zur Poesie geführt.

Bei einer *Korrelation* kann es zum Beispiel einen zusätzlichen Faktor C geben, der sich sowohl auf A als auch auf B auswirkt. Irgendein anderes, mir unbekanntes Ereignis hätte dazu geführt, dass der Täter mich angriff, und dass kurz darauf mein Interesse für Poesie geweckt wurde. Darüber ließe sich vortrefflich fabulieren; plausibel aber ist ein beides bestimmender Faktor C wohl kaum.

Bei der *Koinzidenz* handelt es sich, verkürzt gesagt, um reinen Zufall. Die Folgen des Vorfalls und das Erwachen poetischer Interessen wären dann zufällig in denselben Zeitraum gefallen, ohne miteinander zu tun zu haben.

Ich bin von einem Kausalzusammenhang ausgegangen, habe aber den Zufall nicht vollständig ausgeschlossen. Philipp hatte dazu klare Ansichten.

„Kennst Du Harald Lesch?“, fragte er mich. Den kannte ich aus dem Fernsehen und fand seinen Umgang mit Naturwissenschaft großartig. „Harald Lesch“, erzählte er weiter, „hatte kein großes Interesse an den Naturwissenschaften und wohl auch kein außergewöhnliches Talent dafür, bis er sich bei einem Fahrradunfall eine schwere Kopfverletzung zugezogen hat. Danach veränderte sich sein Leben.“

Das habe ich recherchiert und bin auf den bemerkenswerten Artikel *Homosexuell nach Schlaganfall* gestoßen, der in der Süddeutschen Zeitung veröffentlicht wurde. Darin wird Harald Lesch erwähnt, und der Artikel beschreibt auch an anderen Beispielen, dass Hirnverletzungen sich verändernd auf die Persönlichkeit auswirken können.

Und als ich darüber nachdachte, fiel mir noch etwas anderes ein: Meine erste Begegnung mit dem amerikanischen Spielfilm *In Sachen Henry*, der sich fiktiv mit diesem Thema beschäftigt, muss in zeitlicher Nähe zu meiner Hirnverletzung liegen. Vermutlich sah ich ihn im April oder Mai 1993, als er auf *Premiere* lief, einem damals verfügbaren Pay-TV-Sender. Das war acht oder neun Monate nach dem Vorfall.

In dem Film spielt Harrison Ford einen reichen, kühlen und bisweilen skrupellosen Anwalt, dessen Persönlichkeit sich in Folge einer Hirnverletzung in eine empathische Richtung verändert. Der Film erhielt mittelmäßige Kritiken. Er gilt als schauspielerisch gut, aber auch als inhaltlich zu vorhersehbar und als zu rührselig. Für mich ist er aus heutiger Sicht vor allem deshalb interessant, weil er „mein Thema“ aufgreift. Damals war meine Veränderung wohl als solche noch nicht greifbar genug, sodass Parallelen zwischen der Geschichte des Films und meiner eigenen für mich noch nicht erkennbar waren.

Doch was mache ich jetzt damit? Muss ich dem Täter von damals dankbar sein, weil ich mein Leben unter anderem durch die Poesie als bereichert empfinde? Ich bin ihm nicht dankbar.

Dankbar bin ich denjenigen, die bewusst Anregungen in mein Leben brachten. Ich bin meinen Eltern dankbar und auch meinen Lehrerinnen und Lehrern, die mir Zugänge zur Literatur ermöglicht haben. Diese Zugänge waren eine Saat, die bei mir erst sehr spät zum Wachsen kam. Ich bin, wenn man so will, ein Spätblüher. Meine Veränderung bewerte ich als multifaktoriell. Es musste vieles zusammenkommen, und dazu gehören leider eben auch der Angriff und seine körperlichen und psychischen Folgen. Ich sehe dieses Wachstum als zufällig glückliche Folge des heftigen Vorfalls.

Ich freue mich immer, wenn es mir gelingt, meine Arbeitsfelder zu verknüpfen, wenn ich also Literatur in meine hauptberufliche Arbeit als Fortbildner einbinden kann. 2012 habe ich eine Ausbildung zum Kursleiter für Kreatives Schreiben absolviert, und gleich im Anschluss habe ich an einer Weiterbildung in Poesie- und Bibliotherapie teilgenommen. Beides ist für mich sehr wertvoll und in meinen Fortbildungen für pädagogische Fachkräfte der Kinder- und Jugendhilfe nutzbar.

Es ist also gelungen, einen anderen als den lange vermuteten beruflichen Pfad einzuschlagen und auf dem Lebensweg sinnvoll abzubiegen. Es hätte aber wohl auch anders laufen können. Eine Zeit lang hatte ich die absurde Angst, dass eine weitere Kopfverletzung zu einer Rückveränderung führen und mich wieder zur Mathematik, Physik und Informatik bringen könnte. Das wäre in meiner heutigen Situation nicht hilfreich.

Die grundlegende Richtungsänderung in meinem Leben, die sich vor allem im Zeitraum 1992 bis 1994 ereignete, geht aus meiner Sicht aus der komplexen Erfahrung hervor, zu der die Kopfverletzung, aber auch die Traumatisierung gehören. Zudem dürfte auch das Ende der Pubertät eine Rolle gespielt haben. Vermutlich gab es also unterschiedliche miteinander wirksame Faktoren.

Auch die Auswirkungen des Vorfalls sind vielschichtig. Zwar haben sich im Einzelnen Interessen verändert, und das Leben hat eine neue Richtung genommen, aber vieles von dem, was mir vorher wichtig war, ist auch erhalten geblieben.

Die isolierte Auswirkung der Kopfverletzung ist kaum herzuleiten, da eben auch mein Leben vorher, die psychischen Folgen des Vorfalls und unzählige weitere Faktoren einen Einfluss hatten. Dennoch wollte ich mehr über meine Kopfverletzung wissen. Im Februar 2023 habe ich daher unter der Vermutung, dass mein Anliegen viel zu spät kommt, das Clemenshospital angeschrieben und mich nach meiner Krankenakte erkundigt. Gesetzliche Aufbewahrungsfristen waren längst abgelaufen. Dennoch meldete sich bald eine freundliche Mitarbeiterin des Krankenhauses, die mir mitteilte, dass sie doch noch ein paar Unterlagen gefunden habe.

Wenige Tage später war ein Umschlag mit Absender Clemenshospital im Briefkasten: Darin war auch das Schreiben eines Oberarztes enthalten, der das Ergebnis der Computertomografie ausgewertet hatte. Der Text enthält viele Abkürzungen und ist schwer lesbar. Ich gehe aber davon aus, dass dem Autor nicht klar sein konnte, dass dieser kaum eine halbe Seite umfasste Bericht für mehr als nur den internen Gebrauch im Jahr 1992 Verwendung finden würde.

Der zentrale Satz ist für mich folgender: „Die fehlende Abgrenzbarkeit der Hirnfurchen kann durch mäßige diffuse Hirnschwellung bedingt sein, zusätzlich ist sie jedoch durch das jugendliche Alter des Patienten bedingt. Anamnese?" (Für die bessere Lesbarkeit habe ich sieben (!) abgekürzte Begriffe ausformuliert. Unsicher war ich mir nur in der Frage, ob *diff.* für *diffus* steht. Ich gehe aber davon aus.)

Letztlich bleibt in der knappen Einschätzung auch etwas offen. Der Arzt sieht ein Symptom, die fehlende Abgrenzbarkeit der Hirnfurchen, und vermutet eine Kombination aus zwei möglichen Ursachen. In welcher Gewichtung diese zusammenhängen, bleibt offen. Hier wären wohl weitere Untersuchungen erforderlich gewesen. Auch frage ich mich, inwieweit sich das Erscheinungsbild der Hirnverletzung in den fünfeinhalb Tagen zwischen dem Vorfall und dem CT verändert hat. Gab es durch die Schonung vielleicht schon Heilungstendenzen? Die Frage nach der Anamnese könnte dafür sprechen, dass der untersuchende Arzt nicht über meinen Hintergrund und den Vorfall informiert war, was einerseits gut für eine vorurteilsfreie Bewertung ist, andererseits aber für mich die Verwertbarkeit einschränkt.

Ich habe versucht, mich durch seriös erscheinende Internetseiten in das Thema *Hirnschwellungen* einzulesen. Gebracht es nicht viel. Es bestätigte meine Mischung aus Wissen, Ahnung und Erinnerung. Kurz gefasst heißt es in unterschiedlichen Quellen übereinstimmend, dass eine *Hirnschwellung* fachlich eher als *Hirnödem* bezeichnet wird. Sie entsteht durch Flüssigkeitseinlagerungen im Gehirn, die zu einer Volumenvermehrung und Erhöhung des Hirndrucks führen. Symptome sind Kopfschmerzen, Übelkeit, Schwindel und neurologische Ausfälle bis hin zu Bewusstseinsstörungen. Die möglichen Ursachen sind vielfältig; meine Ursache ist mir wohlbekannt.

In der Podcast-Episode *Eine schicksalhafte Begegnung* aus der Reihe *Aktenzeichen XY* berichtet Prof. Dr. Marcel Verhoff, Direktor des Frankfurter Instituts für Rechtsmedizin, über die Gefahren von Kopfverletzungen. Sein deutlicher Hinweis: Schon kleine Ursachen wie die vermeintlich harmlose Ohrfeige können dramatische Folgen haben. Je öfter ich darüber nachdenke, desto deutlicher wird mir, dass ich noch Glück im

Unglück hatte. Das Aufschlagen des Kopfes auf den Bordstein hätte viel dramatischere Folgen nach sich ziehen können.

Im medizinischen Gutachten, das später dem Gericht vorgelegt wurde, stand *Commotio cerebri*, womit eine leichte Form des Schädel-Hirn-Traumas (SHT) bezeichnet wird. Zudem wurden eine Prellung der rechten Halsseite sowie Prellungen und Schürfungen des rechten Unterschenkels aufgeführt.

Vom Sport befreit

Neben den Kopfschmerzen ist mir aus der Krankenhauszeit auch in Erinnerung geblieben, dass mir schwindelig wurde, als ich das erste Mal duschen durfte. Der Toilettengang war im Grunde keine große Sache, da konnte ich sitzen. Auch der Spaziergang an der frischen Luft war mir nicht unangenehm gewesen. Aber das Stehen auf der Stelle unter der Dusche und das Anheben der Arme zum Haarewaschen sorgten für starke Schwindelgefühle, und es war gut, mich danach einfach hinlegen zu können. Eine Krankenschwester erkundigte sich, wie mir das Duschen bekommen war.

„Alles gut“, log ich. Dass es tatsächlich nicht so war, war mir vermutlich anzusehen, aber ich wollte zurück nach Hause.

Eines Abends kamen Freunde zu Besuch. Mitschüler aus meiner Jahrgangsstufe, die vor kurzem aus ihren Sommerurlauben zurückgekehrt waren und von meiner Geschichte erfahren hatten. Sie waren erst kurz da, da fragte mein Zimmernachbar M. sie, ob sie nicht Jim Beam besorgen könnten. Das käme auch mir zugute. Sie schauten sich schulterzuckend an, schauten mich an, nahmen nach meinem Nicken sein Geld und machten sich auf den Weg.

Die beiden waren eine Ewigkeit weg, brachten den Jim Beam und mussten dann gleich wieder fahren. Ein Besuch, der kein wirklicher Besuch war. Damals habe ich das gar nicht als problematisch wahrgenommen, aber ich habe in der Situation schlecht für mich gesorgt.

Einmal kamen Martin und Sascha zu Besuch. Sascha war unser Freund, der bei dem Angriff auch dabei gewesen war und einen Faustschlag ins Gesicht hatte erleiden müssen. Außerdem war D. mitgekommen, seine jüngere Schwester. Der Besuch war von Leichtigkeit geprägt. Vielleicht lag es daran, dass D. dabei war. Ohne sie hätten wir vermutlich mehr über den Vorfall gesprochen.

Auch meine Eltern kamen regelmäßig. Meine Mutter besuchte mich meist tagsüber zusammen mit Martin, und mein Vater kam am frühen Abend auf dem Heimweg nach der Arbeit. Für meine Familie war diese Zeit sehr belastend, und dass sich der Vorfall nicht so schwer auswirkte, wie es zu Beginn den Anschein gehabt hatte, half dabei, dass die Sorgen nach und nach kleiner wurden.

Mein Gedächtnis kehrte während der Tage im Krankenhaus langsam zurück. Bald erinnerte ich mich wieder an die Zeit auf Fuerteventura, so zum Beispiel daran, dass wir einen kleinen Geländewagen von Suzuki gemietet hatten, in dem ich meine ersten Fahrversuche unternahm. Wie vollständig meine Erinnerungen waren, kann ich nicht beurteilen. Zum einen fehlt die Möglichkeit des Vergleichs der Erinnerungen mit und ohne Verletzung, zum anderen ist die Vollständigkeit der Erinnerungen sowieso unterschiedlich, und das Gehirn nimmt gewisse

Verdichtungen vor. So kann man sich bei einem vierzehntägigen Urlaub nicht unbedingt differenziert an jeden einzelnen Strandbesuch oder jede einzelne Mahlzeit erinnern. Wichtig aber war, dass überhaupt wieder Erinnerungen aus der Zeit vorhanden waren.

Heute habe ich allerdings vieles von dem, was damals noch im Bewusstsein war (oder hätte sein müssen) wieder vergessen, allein weil es dreißig Jahre zurückliegt. Das, was Herr Tolkien in seinem wohl größten Werk geschrieben hat, und das, was mir am 14.08.1992 passiert war, entzieht sich gänzlich meiner Erinnerung.

„Das ist vermutlich auch gut so", haben die meisten, mit denen ich darüber gesprochen habe, in Bezug auf den Vorfall kommentiert. Ich selbst vermute auch, dass das Vergessen in diesem Fall eine Gnade ist.

Meine immer noch vorhandenen Kopfschmerzen gab ich bei den Visiten im Krankenhaus nicht mehr zu. Schwindelgefühle hatte ich tatsächlich nicht mehr. Und so durfte ich nach zwölf Tagen das Krankenhaus endlich verlassen. Wie lange ich wohl noch hätte bleiben müssen, wenn ich die Wahrheit gesagt hätte? Eine Behandlung fand nicht statt. Ich wurde lediglich geschont und in dieser Schonung überwacht.

Ich solle es erst einmal ruhig angehen lassen, sagte man mir bei der Entlassung. Und ich solle mich für die Nachsorge bei meinem Hausarzt vorstellen.

„Mann, Mann, Mann", kommentierte dieser, schimpfte auf Gewalttäter und befreite mich für die ersten zwei Wochen nach den Sommerferien vom Sportunterricht.

Und während das Leben so langsam wieder in geordneten Bahnen zu laufen begann, musste der Vorfall verwaltet werden.

Dazu gehörte die Korrespondenz mit der Krankenkasse, der Rechtsschutzversicherung, den Anwälten, dem Amt für Opferentschädigung und so weiter. Glücklicherweise übernahmen meine Eltern diesen Papierkram. Einige Schreiben sind in den Unterlagen meines Vaters vorhanden. Es war die Zeit von Nadeldruckern und zum Teil etwas kuriosen Schriftarten. Die Ära der Schreibmaschinen war noch nicht ganz vorbei, und die noch sehr einfachen PCs erschienen damals sensationell, sodass man auch ästhetisch fragwürdigen Verführungen folgte.

Auch meine Zeugenaussage bei der Polizei war zwingend erforderlich. Da ich noch nicht volljährig war, begleitete meine Mutter mich. Das Innere der Polizeiwache in Lüdinghausen ähnelte in meiner Erinnerung eher einem Finanzamt als dem mir aus dem Fernsehen bekannten *Großstadtrevier*. Es gab auch Poster mit Fahndungshinweisen. Die kannte ich allerdings auch, wie damals üblich, aus dem Postamt. Der Polizeibeamte, der mich befragte, war sehr nett und nahm zur Kenntnis, dass ich ihm nicht viel erzählen konnte: „Ich erinnere mich an gar nichts“, sagte ich wahrheitsgemäß, gab aber auch Auskunft über meine Verletzungen. Das Gespräch hat nur wenige Minuten in Anspruch genommen. Es wurde ein Protokoll angefertigt, das ich unterschreiben musste.

Am 27. August 1992, also am Tag nach meiner Entlassung aus dem Krankenhaus, startete in den deutschen Kinos der Film *Lethal Weapon 3*. Der Song zum Film kam von Sting unter Beteiligung von Eric Clapton und Michael Kamen. *It's Probably Me*. Das Lied lief bei MTV bereits, und das Video zeigte Filmausschnitte. Auch die CD kauften wir uns ungefähr zu der Zeit.

Martin, Sascha und ich schauten den Film ein paar Tage nach meiner Krankenhaus-Entlassung im Kino in Münster. Der

Film lief wohl im *Roland Theater*, ganz genau wissen wir es aber nicht mehr. Auch das *Apollo Theater* spukt in meinen Erinnerungen herum. Beide Kinos gibt es heute nicht mehr. Sie sind einem Multiplex gewichen, so wie es in vielen anderen Städten auch passiert ist. Der Kinobesuch erfolgte ohne Zwischenfälle, und vor allem ohne die Begegnung mit gewaltbereiten Neonazis. Meine Mutter hatte damals ein schlechtes Gefühl, als wir uns auf den Weg machten. Dennoch war es die richtige Entscheidung. Gleich wieder rausgehen. Gleich wieder am Leben teilhaben.

Der Filmnachmittag hatte für uns drei etwas Ausgleichendes, wenn er auch sicherlich den Vorfall vom 14. August nicht vergessen machte. Den Anspruch konnte man auch gar nicht haben. Das Lied von Sting höre ich heute noch gerne, der Film vermag mich nicht mehr zu begeistern.

Der Vorfall und die knapp zwei Wochen im Krankenhaus spielten in meinem Alltag bald keine nennenswerte Rolle mehr. Ich dachte nicht mehr viel darüber nach. Aber meine Mutter kaufte mir eine kleine Sprühdose mit CS-Gas für die Selbstverteidigung. Ohne die verließ ich das Haus nicht mehr. Sie kam aber nie zum Einsatz, und als das Ablaufdatum erreicht war, entsorgte ich sie, ohne mich um Ersatz zu kümmern.

Dann kam das neue Schuljahr. Die Fahrt mit dem Bus nach Lüdinghausen. Der erste Schultag am Montag, dem 31.08.1992. Der neue Stundenplan, der durch das Kurssystem ganz individuell ausfiel. In diesem Sommer hatte eine große Reise nach Athen stattgefunden. Die war von einem der Schule nahestehenden Verein zur Förderung des Umgangs mit der Antike und den alten Sprachen organisiert worden. Der Griechisch-LK, den viele meiner Freunde gewählt hatten, hatte nahezu vollständig teilgenommen. Und ich war zusammengeschlagen worden und hatte knapp zwei Wochen im Krankenhaus verbracht. Was war in der Sommerzeit bei den anderen passiert? Gab es Liebesgeschichten innerhalb der Stufe? Neue Paare?

Zur Zeit der Pubertät gehört neben dem Wachstum und den hormonellen Veränderungen auch, dass die Familie zunehmend in den Hintergrund tritt, und dass die sozialen Beziehungen zu Gleichaltrigen an Bedeutung gewinnen. Teil dieser Entwicklungen ist auch das Aufkeimen von romantischen und erotischen Sehnsüchten. Der Umgang mit diesen Gefühlen war zum Teil überfordernd.

Dabei macht es einen erheblichen Unterschied, ob man in den Sommerferien Selbstbewusstsein tanken konnte oder eben nicht. Ich erinnere mich an das mulmige Gefühl, mit dem ich zur Schule fuhr. Mir war klar, dass viele von dem Vorfall wussten. Was bedeutete das jetzt? Früher hatte ich Fußball im Verein gespielt, bis mein Meniskus nicht mehr richtig mitmachte. Wenn es da am Wochenende ein Spiel gegeben hatte, das wir gewonnen hatten, und in dem ich vielleicht sogar ein Tor geschossen hatte, fuhr ich stolz zur Schule. Das war an diesem ersten Schultag der Jahrgangsstufe 12 vollkommen anders: Ich spürte Scham, und zwar nicht zu knapp. Es gab kein gestärktes Selbstbewusstsein, das auf Leistung oder wunderbaren Ferienerlebnissen beruhte. Ich kam als Opfer aus den Sommerferien. Angeschlagen und vorerst vom Sport befreit. Ein Opfer erhält nicht die ersehnte Bewunderung, sondern allenfalls Mitgefühl. Der Vorfall, so erschien es mir, haftete wie ein Makel an mir.

Die Gespräche und die Fragen, die auf mich zukommen würden, lösten Besorgnis in mir aus. Ich erinnere mich aber daran, dass tatsächlich viele Mitschülerinnen und Mitschüler bereits von dem Vorfall wussten, und dass die Gespräche, die ich darüber führte, nicht von Neugierde getrieben erschienen, sondern von besorgtem Interesse. Einen konstruktiven Umgang mit Belastungen und Krisen war ich nicht gewohnt. Aber ich kannte eine wirksame Reaktion: Ablenkung. Weglächeln. Humor. Lieber Clown als Opfer.

Vorerst gab es jedoch Hürden: Der erste Sportunterricht fand im Stadion statt. Es war ein strahlender und sehr warmer Sommertag. Alle hatten Spaß, und ich durfte ihnen dabei zusehen. So ist das eben, wenn man vom Sport befreit ist. Ich erinnere mich an die kritischen Nachfragen des Sportlehrers, der die Richtigkeit des ärztlichen Attests hinterfragte. Mir sei schließlich nichts anzusehen. Ich erzählte ihm meine Geschichte in aller Kürze. Und ich erzählte von der Kopfverletzung. Da drückte er mir Geld in die Hand und schickte mich los. Ich sollte zum Kiosk gehen. Ich weiß nicht mehr, was ich für den Sportkurs besorgen sollte. Eis? Gekühlte Getränke? Das war im Grunde genommen auch zweitrangig. Wenn ich heute Spiele der deutschen Fußball-Nationalmannschaft sehe, bewundere ich die Spieler, die nicht zum Einsatz kommen, aber dennoch ihr Team anfeuern und mit Getränken versorgen. Für mich hatte der Gang zum Kiosk, obwohl ich meinen Mitschülerinnen und Mitschülern ihre Erfrischung gönnte, einen faden Beigeschmack. Als ich mit den gewünschten Besorgungen zurückkam, hatte ich Kopfschmerzen.

Nach den Sommerferien ging in der Schule auch die bedeutsame Zeit los. Ab jetzt würde alles in den Schulabschluss einfließen. Zwei Jahre lang hieß es: Punkte sammeln für das Abitur. Der Herbst 1992 war auch die Zeit meiner Fahrstunden.

Außerdem gab es im September eine große Kursfahrt des Mathematik-Leistungskurses nach München. Und im Dezember bestand ich, einen Tag vor meinem 18. Geburtstag, die Führerscheinprüfung. Am nächsten Tag fuhr meine Mutter mit mir zum TÜV nach Lüdinghausen. Wir holten dort meinen Führerschein ab. Auf dem Heimweg saß ich am Steuer. Knapp vier Monate nachdem meine Mutter mich ins Krankenhaus gebracht hatte. Damals stand ich neben mir, war gezeichnet von dem Vorfall. Nun war ich volljährig und steuerte dasselbe Auto nach Hause, begleitet von ihren noch skeptischen Blicken.

Im Sommer 1993 wurden in Deutschland die fünfstelligen Postleitzahlen eingeführt. „Fünf ist Trümpf", hieß es. Und ich wollte das erste Mal allein verreisen. Drei Wochen würde ich in Bournemouth verbringen, an der Südküste Englands. Ich würde bei einer englischen Familie leben und die *Bournemouth International School* besuchen, um meine Englischkenntnisse zu verbessern. Zwar hatte ich keine schlechten Noten, aber schaden konnte dieser Sprachurlaub nicht, zumal Englisch im Abitur mein drittes Fach sein würde.

In dem Jahr zwischen dem Vorfall und meinem geplanten England-Aufenthalt spielte nebenher noch etwas anderes eine Rolle: Mein Vater hatte einen Rechtsanwalt mit unserer Interessensvertretung beauftragt. Das ist die übliche und naheliegende rechtliche Option: Man klagt auf Schmerzensgeld.

Doch vor dem Zivilprozess blieb abzuwarten, wie die Staatsanwaltschaft mit den polizeilichen Ermittlungsergebnissen umging. Für mich war klar, dass Anklage erhoben werden würde. Doch das ist naiv gewesen, denn eine Anklageerhebung war und ist bei Körperverletzungen gar nicht selbstverständlich.

Integrationsbedürfnis

Auch wenn 1992 unmittelbar nach dem Vorfall niemand auf die Idee gekommen ist, mir eine Psychotherapie zu empfehlen, habe ich zehn Jahre später eine in Anspruch genommen und auch über die Folgen dieses Vorfalls gesprochen. Dabei ging es mir vor allem um Ängste, die sich ergaben, wenn ich in gewissen Situationen Menschen und Menschengruppen begegnete, die ich bedrohlich fand. Ich versuchte also, einen Umgang mit der Angst vor einer ähnlichen Situation zu finden. Und den habe ich gefunden. Ich bleibe handlungsfähig und erlebe keine Schockstarre. Gleichzeitig war mir die Erkenntnis wichtig, dass Angst nicht grundsätzlich schlecht ist.

Aber ich mag es immer noch nicht, wenn ich in der Fußgängerzone oder am Bahnhof offensiv angesprochen werde. Dabei stellt es für mich keinen Unterschied dar, ob es Obdachlose, die Zeugen Jehovas oder Meinungsforscher sind, die etwas von mir wollen. Ich empfinde Beklemmungen, wenn Fremde ungefragt Kontakt zu mir aufnehmen. Ich spüre dann zwar keine Angst, aber ein deutliches Unbehagen.

Von Martin weiß ich, dass es damals genau auf diese Weise losging: Wir wurden vom späteren Angreifer zunächst angesprochen. Er hatte mit einem vermeintlich harmlosen Anliegen Kontakt zu uns aufgenommen und dann folgte Gewalt.

Heute erscheint mir ein Teil des Vorfalls als besonders bedeutsam. Für den hatte ich während meiner Therapie noch kein Gefühl. Ein tätlicher Angriff wie der, den ich erlebt habe, hat neben der beschriebenen Verletzungsfolge auch Auswirkungen auf die Psyche, die über Ängste und Unbehagen in bestimmten Situationen hinausgehen.

Gewalt ist entwürdigend, insbesondere dann, wenn man außer Stande ist, sich zu wehren. Das Opfer wird nicht wie ein Mensch behandelt.

So ging es mir: Ich musste einen menschenverachtenden Angriff über mich ergehen lassen. Natürlich lässt das Deutungen über den Täter, seine Weltsicht und seine Verfasstheit zum Zeitpunkt der Tat zu. War ich ihm gleichgültig? War er sich darüber im Klaren, dass er in erheblicher Weise meine Gesundheit und vielleicht sogar mein Leben aufs Spiel setzte? War er im Stande, das zu sehen? Ich weiß nicht, was in ihm vorging. Meine Vermutung ist, dass er dem Bedürfnis folgte, sich stark zu fühlen und sich dafür in aller Konsequenz über andere zu erheben. Mein Leben muss ihm gleichgültig gewesen sein. Die Wirkung dieser Entwürdigungserfahrung entfaltet sich erst jetzt. Dreißig Jahre danach.

Der Philosoph Emmanuel Levinas hat sich mit dem Begriff des „anderen" beschäftigt und dadurch eine in meinen Augen bedeutsame Facette von Menschenwürde, aber auch von Empathie formuliert. Das Antlitz des anderen, so schrieb er, sei der Imperativ „Du sollst mich nicht töten".

Mein Antlitz hat dem Täter gar nichts gesagt. Für ethische Imperative war er nicht empfänglich. Wir waren alle drei keine Menschen für ihn, sondern Objekte. Wir wurden dem Zweck untergeordnet, Spielbälle seiner Wut zu sein, die nicht wir, sondern seine persönliche Geschichte in ihm erzeugt haben musste. Wenn ich heute darüber nachdenke, auch als professioneller Pädagoge, dann müsste ich eigentlich auch die grundsätzliche Not sehen, mit der er durch sein Leben gegangen sein muss. Ein solches Vergessen von Menschlichkeit wird eine

Geschichte haben. Aber mir geht es nicht um den Täter. Mir geht es um mich.

Wenn sich ein solcher Vorfall ereignet hat, dann kann ein *Integrationsbedürfnis* entstehen. So ist es bei mir: Ich möchte alles über den Vorfall in Erfahrung bringen, das mir möglich ist. Und ich möchte mich mit seiner Bedeutung für mein Leben beschäftigen. Es gibt ein Zitat, das dazu passt. Ich hatte es Hannah Ahrend zugeschrieben, aber das ist nur halb richtig, denn sie selbst hat es ebenfalls zitiert. Sie schreibt in Anlehnung an die dänische Schriftstellerin Karen Blixen, dass „alles Leid erträglich wird, wenn man es einer Geschichte eingliedert oder eine Geschichte darüber erzählt".

Strafverfolgung und medizinische Versorgung sind wichtig, aber langfristig bedeutsam ist auch eine Aufarbeitung. Die Auseinandersetzung mit einem erlittenen Unrecht gehört zur Biografiearbeit.

Meine Therapeutin hat mir einmal gesagt, ich hätte vermutlich das Rantanplan-Syndrom. Dabei handelt es sich, das war mir schon damals klar, nicht um eine offizielle Diagnose, sondern um eine Metapher. *Rantanplan* ist ein Hund, der *Lucky Luke* in den gleichnamigen Comics bei seinen Abenteuern begleitet. Er lässt sich unter anderem durch seine Naivität und sein sonderbares Reaktionsverhalten charakterisieren. Immer wieder reagiert er verzögert. So bekommt er zum Beispiel ein Steinchen gegen den Kopf, spürt das aber erst einige Bilder später, sagt „Au" und ist höchst verwundert, weil eine Ursache für ihn nicht mehr nachvollziehbar ist.

Meine wesentlichen Fragen bezüglich des Vorfalls kamen nicht nur einige Bilder später. Es mussten dreißig Jahre vergehen, und erst jetzt wird mir die Tragweite des Erlebnisses wirklich bewusst. Damit meine ich, dass es bislang den Rang einer vor allem faktenbasierten Geschichte meiner Biografie hatte. Nun aber ruft es ein neues, sehr starkes Gefühl in mir hervor. Ich würde es am ehesten mit *Ehrfurcht* beschreiben.

Damit meine ich nicht, dass der Vorfall anbetungswürdig wäre. Ich verstehe Ehrfurcht nicht theologisch, sondern psychologisch. Ehrfurcht zu empfinden, das bedeutet für mich, die Größe und Tragweite von etwas zu sehen, die Bedeutsamkeit für die eigene Identität zu spüren und diese anzuerkennen.

Die Auseinandersetzung mit dem Angriff ruft in mir keine Ängste hervor, keine Wut auf den Täter und auch nichts, das ich betrauern müsste. Aber ich bin heute der Auffassung, dass ich Glück hatte, den Vorfall überlebt zu haben. Gleichzeitig stellt er für mich eine Wendemarke dar. Meine Interessen verschoben sich erheblich.

Aus diesem Grund ist das zentrale Gefühl der heutigen Auseinandersetzung eine tiefe Ehrfurcht. Dieses Gefühl ist neu und braucht seinen Platz. Es ruft immer wieder Fragen hervor, die meinen grundsätzlichen Lebensweg betreffen, und die ich daher als schicksalhaft empfinde: Hätte ich ohne den Vorfall vielleicht eine Ausbildung zum Bankkaufmann absolviert? Diese Idee stand zeitweise im Raum. Auch eine Berufsberatung durch Mitarbeitende der Arbeitsagentur legte mir dies nahe.

Wenn man sich in anderen Umfeldern bewegt, indem man eine andere Ausbildung absolviert und in der Folge in einem anderen Beruf tätig wird, dann trifft man auf andere Menschen, schließt andere Freundschaften, geht andere Beziehungen ein und so weiter. Ohne diesen Vorfall wären mein Leben und mein Umfeld heute mit großer Wahrscheinlichkeit vollkommen anders.

Wenn ich den Filmtrailer zu *The Tree Of Life* schaue, bewegt mich ein darin dargestellter Zeitsprung jedes Mal wieder. Gezeigt wird die bedrückende Beziehung eines Jungen zu seinem strengen, von Brad Pitt dargestellten Vater. Es folgt ein Schnitt auf den grüblerischen Sean Penn, der – so legt es der Trailer schon nahe – wohl der Erwachsene ist, zu dem der Junge sich entwickeln wird. Es sind nur wenige, dafür aber sehr intensive Sekunden, in denen Sean Penns Blick zu sehen ist. Auch ihn scheint die angedeutete Vergangenheit zu bewegen, und auch er scheint sich schicksalsschwere Fragen zu stellen.

Ich sehe in seinem Blick Ehrfurcht und Erkenntnis. Mir ist aber klar, dass er nur ein Spiegel für mich ist, in dem ich eigentlich meine eigenen Themen sehe. Und ich glaube, dass Sean Penn in diesem Trailer deutlich niedergeschlagener wirkt, als ich mich im Umgang mit meinen Fragestellungen heute fühle.

Erlebnisse, die schicksalhaft sind, werfen Gedanken und Fragen auf. Ich glaube, dass Freiheit nicht entstehen kann, bevor man Antworten gefunden oder zumindest die zentralen Fragen eingeordnet hat.

Die Erinnerung, Teil 2

Sich an einen Vorfall zu erinnern, der mehr als dreißig Jahre zurückliegt, stellt an sich schon eine Herausforderung dar. Sicherlich fällt es bei besonderen, emotional sehr aufgeladenen Situationen etwas leichter als bei alltäglichen Ereignissen. In meinem Fall steht der Erinnerung die Amnesie entgegen. Jede Bemühung ist somit chancenlos.

Über diese Frage habe ich mich mehrfach mit Martin ausgetauscht, für den sich die Situation anders gestaltet. Er kann sich erinnern. Aus den Gesprächen ist aber für mich eine andere Fragestellung entstanden. Während Martin sich auch um die konkrete Erinnerung an den Vorfall bemüht hat, habe ich mich der Frage gewidmet, wer ich damals eigentlich war.

Der Sozialpsychologe Heiner Keupp prägte den Begriff der Patchwork-Identität. Damit soll zum Ausdruck gebracht werden, dass die Identität einer Person sich aus ihren unterschiedlichen sozialen Rollen und ihren Leidenschaften zusammensetzt. Die Identität ist, je nach Lebensphase und sozialen Einflüssen, nicht konstant, sondern Veränderungsprozessen unterworfen, die mal größer und mal kleiner ausfallen.

Meine Identität als 17-Jähriger im Sommer 1992 dürfte sich in mancher Hinsicht von meiner heutigen unterscheiden. Somit ist die Frage, wer ich eigentlich damals war, nicht so banal, wie sie auf den ersten Blick erscheinen mag. Mir geht es um so etwas wie eine atmosphärische Erinnerung. Das ist meines Wissens kein Fachbegriff, sondern eine Bezeichnung für meinen Versuch, ein vergangenes Lebensgefühl wieder greifbar zu machen.

Um mich dieser Frage anzunähern bin ich einen ähnlichen Weg gegangen wie Martin, auch wenn seine Fragestellung etwas anders war. Wir haben beide versucht, das Jahr 1992 und insbesondere den Sommer 1992 nachzuspüren. Was war das für eine Zeit? Wie haben wir damals gelebt? Was war uns wichtig? Womit haben wir uns beschäftigt?

Neben meiner formalen Hauptbeschäftigung, Schüler am Gymnasium zu sein, spielen auch weitere Facetten eine Rolle: Mit wem war ich damals befreundet? Wie war unsere

Wohnsituation? Wie sah es zu Hause aus? Wie waren die Tagesabläufe? Welche typischen Gerichte wurden damals gekocht? Diese Fragen waren aus der Erinnerung leicht zu klären. Und bereits das war erstaunlich. Allein diese einfachen Gedanken führten dazu, dass ich in meiner Vorstellung wieder durch unser damaliges Wohnzimmer laufen konnte. Diese Erinnerungen werden in Details auch Fehler enthalten. Welche Farbe hatten die Sofakissen? Welche Blumen standen auf der Fensterbank, welche Bücher im Regal? Doch diese Details sind dekorativer Natur und für den Kern der Erinnerung gar nicht entscheidend. Das damalige Lebensgefühl wurde wieder greifbar, und genau darum ging es mir.

Besonders hilfreich für einen solchen Prozess sind alte Fotos. Wie sah ich damals aus? Welche Frisur hatte ich? Welche Kleidung habe ich getragen?

Im letzten Schritt habe ich mich mit meinem kulturellen Leben beschäftigt: Welche Filme habe ich damals geschaut? Welche Bücher habe ich gelesen? Welche Musik habe ich gehört? Vor allem die Musik konnte hier einige Zauberkraft entfalten. Ich habe viel recherchiert und gezielt Alben gehört, die 1991 und in der ersten Hälfte 1992 veröffentlicht wurden. Außerdem habe ich mir Lieder angehört, die ich damals vielleicht nicht bewusst und als Teil meiner musikalischen Vorlieben gehört habe, sondern die über das Radio und vor allem über die Musiksendungen auf MTV immer wieder den Weg in meine Ohren gefunden haben.

Am Ende habe ich mir eine Online-Playlist zusammengestellt. Einige Lieder haben sich dabei als ungeeignet erwiesen, so zum Beispiel *Kingdom Of Desire* von *Toto* oder *Calling Elvis* von *Dire Straits*. Sie haben nur wenig konkreten Zeitbezug für mich, weil ich sie auch darüber hinaus viel gehört habe.

Anders verhielt es sich, wenn die Songs für mich zwar mit der betreffenden Zeit zu hatten, aber darüber hinaus kaum eine Rolle spielten. In diesem Sinne waren drei Lieder für mich wahre Zeitreise-Vehikel: *Night Calls* von *Joe Cocker*. Das habe ich damals viel und gerne gehört. Es gefällt mir auch heute noch oder besser formuliert „heute wieder". *My Parties* von *Dire Straits*, ein Lied aus dem Album *On Every Street*, das ich vollständig vergessen hatte. Damals habe ich es selten gehört. Ich fand es furchtbar und eines Dire Strais-Albums nicht würdig. Zuletzt Bryan Adams, zu dessen Musik ich wenig Bezug hatte. *(Every Thing I Do) I Do It For You*. Dieses Lied hat man damals, wenn überhaupt, nur heimlich gehört. Wenn ich heute die drei genannten Songs höre, dann rufen sie stärker als alle anderen das Lebensgefühl aus den frühen 1990er Jahren wieder hervor. Sehnsüchte, Interessen und Leidenschaften, Sorgen und Nöte werden wieder greifbarer.

Die Methode ist für Prozesse der Biografiearbeit klassisch. Fotos, Lieder und andere Dinge dienen als Erinnerungsbrücken und helfen dabei, eine gedankliche Zeitreise zu unternehmen.

Während die Arbeit meines Gedächtnisses sich auf das Hervorholen des Lebensgefühls und der Atmosphäre beschränken musste, ist Martin einen aufreibenderen Weg gegangen und hat sich auch dem Vorfall selbst noch einmal zugewandt.

Lange Zeit dachte ich, dass ich ziemlich genau weiß, was damals passiert ist, und in gewisser Weise stimmt das auch. Nur schöpfte ich mein Wissen nicht aus der eigenen Erinnerung, sondern vor allem aus Martins Berichten. Am Tag nach dem Vorfall erfuhr ich, was passiert war. Und ich merkte mir die

Fakten stichpunktartig ohne Bilder und sogar ohne damit zusammenhängende Gefühle. An einem genauen Bericht war ich damals gar nicht so sehr interessiert. Die groben Fakten genügten. Neonazi. Gewalt. Bordstein. Kopfverletzung. Krankenhaus. Viel mehr als diese fünf Begriffe brauchte ich im Grunde nicht. Das Behalten fiel mir leichter als das Lernen von Jahreszahlen im Geschichtsunterricht, aber es ging emotional nicht über die Bedeutsamkeit der Diskografie von *Dire Straits* hinaus. Ich traf keine aktive Entscheidung, dass mich das Wissen um den Ablauf des Vorfalls nicht stark berühren durfte. Man könnte aber sagen, dass ich es in sicherer Distanz hielt. Ich hatte es stets im Auge, ließ es aber nie zu nahe an mich herankommen.

Martin hatte bereits am Tag nach dem Vorfall seine Erinnerungen aufgeschrieben. Und auch jetzt, dreißig Jahre später, hat er sich noch einmal mit der Geschichte auseinandergesetzt und mir davon berichtet. Laut seinen Erinnerungen, die auch durch Sascha und durch die polizeilichen Ermittlungen anhand anderer Zeugenaussagen bestätigt wurden, ist Folgendes passiert:

Der Vorfall

Am 14. August 1992 waren Martin und ich mit Sascha verabredet. Wir wollten gemeinsam mit dem Bus nach Lüdinghausen fahren, um dort ins Kino zu gehen. Es gab damals noch ein kleines Kino mit Thekenbetrieb im Saal. Man konnte sogar an dieser Theke sitzen und seinen drehbaren Barhocker einfach zur Leinwand ausrichten, sobald der Film begann. Eigentlich fuhr man eher nach Münster, um ins Kino zu gehen. Dort waren die

Säle größer und in weiten Teilen moderner ausgestattet. Außerdem war die Programmauswahl besser und aktueller. Das kleine Kino in Lüdinghausen wirkte schon damals wie aus der Zeit gefallen. Es existiert mittlerweile schon lange nicht mehr.

Unser Plan war, *Basic Instinct* zu schauen, was mit einem gewissen Risiko einherging. Der Film war von der FSK ab 16 Jahren freigegeben worden, Martin war aber erst drei Tage zuvor 15 geworden. Wir hatten die berechtigte Hoffnung, dass er älter wirkte, und dass die Einlasskontrollen eher lax ausfallen würden. Das war der Plan. Wenn der allerdings gescheitert wäre, hätten wir in Lüdinghausen noch die Alternative gehabt, in eine Kneipe zu gehen, die *Mikado* hieß.

Wir wollten Sascha direkt am Busbahnhof in Senden treffen. Ich glaube mich zu erinnern, dass wir Ferientickets besaßen, die man während der Sommerferien beliebig in Münster und Umgebung nutzen konnte. Martin und ich wohnten damals zusammen mit unseren Eltern und unserer Großmutter. Unser Großvater war zwei Jahre zuvor gestorben. Es gab einen Weg, der hinter dem seitlichen Beet unseres rückseitigen Gartens entlang der Grundstückgrenze verlief. Am Ende stieg man über einen Jägerzaun und gelangte so zur hinter dem Haus entlang führenden Hauptstraße. Auf diese Weise hatte man eine kleine Abkürzung gegenüber dem regulären Weg. Heute ist dieser Gartenweg nicht mehr nutzbar.

Damals aber stiegen wir über den Jägerzaun auf den asphaltierten Gehweg, der durch eine kaum mehr als kniehohe Hecke von der Fahrbahn abgetrennt war. Ich trug an diesem Tag, so erzählte Martin, ein offenes Baumwollhemd und darunter ein Fan-Shirt des 1. FC Köln, hergestellt von der Marke Puma. Es war ein Sommertag, aber das Wetter war gemäßigt.

Wir folgten also dem Gehweg entlang der Hauptstraße, kamen an einem Briefkasten vorbei und an der Einmündung in unsere Straße. Zuletzt passierten wir die Stever-Brücke und eine gelbe, vor hochgewachsenen Sträuchern stehende Telefonzelle, in der es, wie damals üblich, nicht nur ein Münztelefon gab, sondern auch regionale Telefonbücher.

Nach nicht einmal fünf Minuten hatten wir den Busbahnhof bereits erreicht. Der war ein Rondell, in dessen Mitte es eine kleine Grünfläche gab. Die Busse umrundeten diese und boten entweder das Fahrtziel Münster an oder eben in der Gegenrichtung Lüdinghausen.

Sascha erwartete uns bereits am Busbahnhof. Er wohnte ebenfalls sehr nahe, allerdings in der anderen Richtung. Das Bushäuschen war größer als bei gewöhnlichen Haltestellen und bot Wartenden eine lange Sitzbank. In meiner Erinnerung saß ich dort allerdings nicht gerne. Es roch unangenehm nach abgestandenem Rauch und an einigen Tagen auch nach Urin. Hier und da klebten Kaugummis. An den Wänden waren Schmierereien. Noch keine gesprayten Graffitis, sondern das Gekrakel schwarzer, wasserfester Stifte. Alles in allem hatte dieses Bushäuschen wenig Anheimelndes.

An diesem Tag hielt sich ein Grüppchen aus drei Personen darin auf, ein wohl etwas älterer Jugendlicher und zwei Mädchen, vielleicht in Martins Alter. Dieser ältere Jugendliche wirkte bedrohlich, sodass wir uns allein seinetwegen gegen einen Aufenthalt im Bushäuschen entschieden.

Wir waren gut in der Zeit und stellten uns zwischen einen Baum und das Haltestellenschild nahe der Stelle, an der der Bus nach seinem Eintreffen die Tür öffnen würde. Wir begannen, uns zu unterhalten.

Treffen mit Sascha waren immer von Leichtigkeit geprägt gewesen. Es gab einige gemeinsame Interessen. Zu der Zeit begeisterte uns unter anderem die *Robin Hood*-Verfilmung mit Kevin Costner. Mit Sascha gab es keine unangenehmen Gesprächspausen oder gar Konflikte. Auch verband uns der Humor.

Kaum hatten wir an diesem Tag das Gespräch begonnen, kam der Jugendliche aus dem Bushäuschen auf uns zu. Martin sagte später, dass er schon in diesem Moment Unbehagen spürte. Ich vermute, dass der Jugendliche durch seine Körpersprache und seine Kleidung eine bedrohliche Wirkung erzeugte. Und ich vermute, dass dies durchaus seiner Intention entsprach.

Doch zunächst kam es nicht zu einem Konflikt, denn er erkundigte sich lediglich nach der Uhrzeit. Dies war an einem Busbahnhof, wo Ankunfts- und Abfahrtzeiten eine Rolle spielten, im Zeitalter vor dem Aufkommen von Handys keine ungewöhnliche Situation. Wir gaben ihm also die gewünschte Auskunft. Es war 18:20 Uhr. Unser Bus sollte erst um 18:37 Uhr fahren. 17 Minuten konnten noch sehr lang werden. Und sie wurden es.

Es war deutlich erkennbar, wes Geistes Kind er war: Er trug schwarze Springerstiefel, vielleicht auch Doc Martens, mit weißen Schnürsenkeln. Eine Jeans mit schwarz-rot-goldenen Hosenträgern, dazu ein T-Shirt mit der Aufschrift *Deutsche Italienoffensive 1990.* Seine Haare waren, abgesehen vom rötlichen Pony, sehr kurz. Außerdem ließ er sich einen Schnurbartansatz über der Lippe stehen. Wer so herumlief, gehörte mit großer Wahrscheinlichkeit zum rechten Lager und ging zudem offensiv damit um. Außerdem hatte er Alkohol dabei und offenkundig auch schon welchen konsumiert. Es war Vorsicht geboten. Sämtliche Alarmglocken schrillten.

Ich gehe davon aus, dass seine Frage nach der Uhrzeit nur ein Vorwand war. Ich glaube, er suchte von Anfang an Ärger. Er hatte uns angesprochen, um einen Anlass dafür zu finden, eine Schlägerei beginnen zu können. Er glaubte nun, ihn in Form meines T-Shirts gefunden zu haben.

Sinngemäß sagte er etwas wie „Zieh das Trikot aus! Das ist ein Scheißverein!“ und „Ihr seid Köln-Schweine!“ Dabei ließ seine Stimme keinen Zweifel daran bestehen, dass er das sehr ernst meinte. Auch schuppte, rempelte und provozierte er uns immer wieder: „Los, verkloppt mich doch. Ihr seid doch zu dritt!“

Doch wir stiegen nicht darauf ein. Ich soll versucht haben, die Situation zu beruhigen. „Wir sind doch alle Fans der deutschen Nationalmannschaft“, habe ich wohl gesagt. Martin erinnerte sich an diesen Satz. Das T-Shirt des Jugendlichen legte diesen Versuch nahe, obgleich es den Gewinn der Fußball-Weltmeisterschaft 1990 in unangemessener Weise in militärische Vokabeln kleidete.

„Kennst Du Platzi?“, fragte Sascha. *Platzi* war der Spitzname eines anderen Jugendlichen, den man auch eher rechts einordnete. Ich kannte ihn allerdings nicht. Gemeinsame Bekannte sollten eine Verbindung herstellen, die unser aggressiv auftretendes Gegenüber zum Einlenken brachte. So jedenfalls wünschte Sascha es sich. Das half ebenso wenig wie alle vorherigen Bemühungen.

Er wollte Streit und machte keine Anstalten, sich beruhigen zu lassen. Doch ich gab nicht auf. „Trink doch einfach Dein

Bier. Das schmeckt doch nicht, wenn es warm wird“ oder etwas in der Art habe ich wohl gesagt.

Sascha sagte schließlich: „Wir wollen doch nur ins Kino nach Lüdinghausen.“

Da schlug der Streitsucher unvermittelt zu und traf Sascha zweimal mit der Faust im Gesicht, sodass er mit dem Hinterkopf gegen den Baum schlug.

„Sag nie wieder etwas über Lüdinghausen. Ich komme aus Lüdinghausen“, entgegnete er scharf.

Sascha verbarg nach dem Schlag das Gesicht und duckte sich weg. Nicht einmal auf diesen Angriff reagierten wir durch Gegengewalt. Es gab nicht den Hauch einer aggressiven Reaktion unsererseits.

Die beiden Begleiterinnen des Angreifers schalteten sich ein. Sie sprachen ihn an, nannten seinen Vornamen und baten ihn, uns doch in Ruhe zu lassen. Auch auf sie hörte er nicht. Er war nun in Rage und hatte damit genau das erreicht, was er vermutlich von Anfang an bezweckt hatte. Er hatte den Busbahnhof zu seiner Nahkampfarena und uns zu seinen Gegnern erklärt. Doch es gab keinen Ringrichter. Der Angreifer beanspruchte für sich das Recht, Anfang und Ende des Kampfes zu bestimmen. Der Anfang war nun gemacht und das Ende nicht in Sicht.

Alldem zum Trotz waren wir noch immer nicht gewillt, seinen Kampf anzunehmen, sondern entfernten uns. Sascha ging nach rechts in Richtung seines Zuhauses. Martin und ich liefen nach links. Wir sollten aber nicht weit kommen. Der Angreifer hatte sich entschlossen, Martin und mich zu verfolgen, was zumindest Sascha ab diesem Moment in Sicherheit brachte. Der Angreifer schlug und trat nach uns, und in Anbetracht der später dokumentierten Verletzungen darf davon ausgegangen werden, dass er uns auch getroffen hat.

So wie Martin es später schilderte, war er in dieser Phase derjenige, der das meiste abbekam. Ich war der Älteste und Größte von uns Dreien und auch derjenige, der mit dem Köln-T-Shirt einen aus Sicht des Angreifers plausiblen Anlass geboten hatte. Die ersten Schläge hatte Sascha abbekommen, nun griff unser Gegner Martin an. Wollte er sich einen Kampf gegen mich für das Ende aufheben?

Ich soll mich umgedreht und versucht haben, Martin zu schützen und die Tritte und Schläge des Angreifers abzuwehren. Irgendwann gelang es mir, einen seiner Tritte abzufangen, indem ich seinen tretenden Fuß ergriff und versuchte, ihn aus dem Gleichgewicht zu bringen. Das glückte nur zum Teil. Er strauchelte zwar zunächst deutlich, konnte sich aber stabilisieren, indem er sich an mir festklammerte.

Dies erwies sich als folgenschwer, denn dadurch riss er mich zu Boden. Da meine Hände nicht frei waren, hatte ich keine Chance, meinen Sturz abzufangen, sondern knallte mit dem Kopf und dem Rücken ungebremst auf den Bordstein, unmittelbar neben der Telefonzelle. Der Angreifer landete auf mir und tat sich nichts. Mir aber blieb die Luft weg. Martin erinnerte sich daran, dass ich nach dem Aufprall einen japsenden Ton von mir gab.

Schwerwiegender sollte sich die Verletzung meines Kopfes darstellen, die sich ab diesem Moment zeigte. Beim Boxen spricht man von einem Knockout. Ich war benommen und am Boden, unfähig wieder aufzustehen, geschweige denn mich zu verteidigen. Der Täter jedoch nutzte meine Wehrlosigkeit, um seine Angriffe gegen mich fortzusetzen. Er traf wohl zunächst mit Tritten Kopf und Hals. Schließlich kniete er über mich gebeugt und prügelte auf mich ein.

Im Versuch, den Angriff gegen mich abzuwenden, stürzte sich Martin auf ihn, zerrte ihn und schlug auf seinen Rücken ein. Gebracht hat es nicht viel. Nur kurzzeitig konnte er den Angriff unterbrechen. Vermutlich führten Adrenalin und Alkohol dazu, dass der Angreifer nicht viel spürte. Außerdem war er wohl genau an dem Punkt, den er von Anfang an zu provozieren versucht hatte. Ich aber war längst besiegt. Warum er dennoch weiterhin auf mich einprügelte und -trat, weiß vermutlich nicht einmal er selbst.

Dann kamen wieder die beiden Mädchen hinzu und forderten ihn auf, seinen Angriff zu beenden. Er hörte nicht auf sie. Martin, von Machtlosigkeit und Panik übermannt, rief um Hilfe. Und es gelang ihm, ein Auto anzuhalten. Es war in seiner Erinnerung ein weißer VW-Bus. Zwei junge Männer stiegen aus und riefen energisch in Richtung des Angreifers, er solle aufhören.

Möglicherweise lag es an der zunehmenden Menge an Menschen, dass der Täter seinen Angriff schließlich tatsächlich abbrach. Wie wäre es wohl weitergegangen, wenn niemand hinzugekommen wäre? Ich will es nicht dramatisieren, aber ich halte es nicht für ausgeschlossen, dass mein Bruder und die anderen Anwesenden durch ihr bestimmtes Auftreten mein Leben gerettet haben. Der Täter entfernte sich in Richtung Bushäuschen. Dort soll er dann einen Bekannten getroffen haben, und beide zusammen sollen sich auf einem Fahrrad vom Busbahnhof entfernt haben.

Martin stand nun bei mir, während ich desorientiert am Boden lag. Er sagte mir später, dass ich „wirres Zeug“ von mir gegeben habe und nicht mehr mitbekam, was mit mir und um mich herum los war. Auch konnte ich nicht aus eigener Kraft aufstehen. Martin musste mir gemeinsam mit den Männern aus dem VW-Bus dabei helfen.

„Sollen wir die Polizei und den Notarzt rufen?“, fragten sie. Martin lehnte das ab. Nicht, weil er etwas gegen einen solchen Anruf gehabt hätte, sondern weil seine Sorge um mich ihm in dem Moment das Gefühl gab, es sei am besten, mich erst einmal nach Hause zu bringen. Unsere Eltern würden die richtigen Entscheidungen treffen.

Mein Verständnis des Begriffs *Bewusstlosigkeit* ist in etwa mit dem der *Ohnmacht* vergleichbar. Es ist für mich ein schlafähnlicher Zustand. Dies war bei mir nicht der Fall. Gleichwohl war ich ohne Bewusstsein für mich und die Situation. Auch war mein Gedächtnis in erheblicher Weise beeinträchtigt. Ich war also, wenn man so will, zwar wach und ansprechbar, aber *bewusstseinslos.*

Daraus folgte, dass ich nicht mehr imstande war, auf meine Habseligkeiten zu achten. Mein Portmonee drohte aus der Tasche zu rutschen, weshalb Martin, der mich auch beim Laufen stützten musste, es kurzerhand an sich nahm, um darauf zu achten. Auf dem kurzen Weg nach Hause habe ich ihn unzählige Male nach dem Verbleib meines Portmonees gefragt und meine Hosentaschen danach abgesucht. Ich konnte mir nicht merken, dass er es für mich aufbewahrte. Auch wusste ich nicht, was passiert war. Mein Gedächtnis hatte seine Arbeit eingestellt. Man nennt dies, wie ich später lernte, *anterograde Amnesie.*

Zu Hause angekommen wies Martin mich an, mich im Treppenhaus auf die Stufen zu setzen, was ich widerspruchlos tat.

Er lief die Treppe hoch und informierte meine Eltern über die Geschehnisse. Wie war es wohl für meine Eltern? Sie hatten mich wenige Minuten zuvor geordnet kommunizierend verabschiedet und erlebten mich nun vollkommen verwirrt.

Mein Vater zog nun gemeinsam mit Martin los, um den Angreifer zu stellen. Ich bin sehr froh, dass er ihn nicht gefunden hat. Den Impuls aber kann ich heute, da ich selbst Vater bin, sehr gut verstehen. Auch kann ich für mich nicht ausschließen, dass ich mich in einer ähnlichen Situation ebenfalls auf den Weg machen würde. Ich hoffe, das bleibt meinen Kindern und mir erspart.

Als sie am Busbahnhof ankamen, war die Polizei bereits da. Vermutlich hat Saschas Mutter den Notruf gewählt, denn Sascha könnte, auch wenn er in die andere Richtung geflohen ist, den Angriff auf uns noch mitbekommen haben. Außerdem saß er mit seiner Mutter in dem Polizeifahrzeug, in Martins Erinnerung ebenfalls ein VW-Bus, und machte eine Aussage. Auch Martin nutzte die Möglichkeit und konnte eine genaue Personenbeschreibung abgeben. Zudem konnte er Angaben zum nicht übermäßig häufigen Vornamen und zum Wohnort des Täters machen. Die Täterermittlung war wohl für die Polizei keine große Sache, zumal sie ihn anscheinend bereits kannten.

Meine Mutter brachte mich unterdessen in das Krankenhaus ihres Vertrauens: das Clemenshospital in Münster, in dem ich auch das Licht der Welt erblickt hatte und in dem man mir im dritten Schuljahr die Mandeln herausgenommen hatte. Auf die Idee, einen Rettungswagen zu rufen, ist niemand gekommen. Ich glaube, dafür hätte es emotional Unbeteiligte gebraucht, die das Heft in die Hand nehmen, die nicht „Sollen wir?“ fragen, sondern „Wir machen das jetzt!“ sagen. Im Auto habe ich mich, so erzählte meine Mutter damals, immer wieder nach dem Verbleib meines Portmonees erkundigt.

Interessanterweise steht im Aufnahmeprotokoll des Krankenhauses, das mir heute vorliegt, ich sei „orientiert" und „bei Bewusstsein" gewesen. Im Abschlussbericht waren dann die anterograde und die retrograde Amnesie erwähnt. Das bedeutet, dass ich sowohl Gedächtnislücken hatte, was einen größeren Zeitraum der Vergangenheit anging, als auch die Schwierigkeit, das Gedächtnis mit Informationen der Gegenwart zu füllen.

Für mich lässt sich diese doppelte Amnesie nicht gut mit der Formulierung „bei Bewusstsein" vereinbaren. Wenn man mich allerdings, um meine Orientiertheit zu prüfen, nur nach dem Namen und der Schuhgröße gefragt hat, war die Feststellung vermutlich zutreffend.

In einem anderen Bericht des Krankenhauses steht eine etwas andere Formulierung. Das heißt es, dass ich das volle Bewusstsein erst morgens um neun Uhr wiedererlangt habe, also mehr als 14 Stunden nach dem Angriff. In dieser scheinbaren Diskrepanz spiegelt sich möglicherweise der Unterschied zwischen *bewusstlos* und *bewusstseinslos* wider.

Martin erzählte, dass er irgendwann an diesem Abend zu Hause in meinem Zimmer stand, und dass er sich von Panik ergriffen die Frage stellte, ob ich die Folgen des Angriffs wohl überleben konnte und wenn ja, ob ich jemals wieder zu klarem Verstand kommen würde. Er und meine Eltern, die ebenfalls voll Sorge waren, werden einen furchtbaren Abend gehabt haben, während ich in Pfleger Tobias' Obhut auf der Intensivstation lag und schlief.

Was in der Zeitung stand

Es gab sogar zwei Zeitungsberichte über den Vorfall. Beide Artikel waren nur wenige Zeilen lang. Leider sind die Quellen nicht notiert, aber es ist mit Sicherheit davon auszugehen, dass der eine Artikel aus den *Westfälischen Nachrichten* und der andere aus der *Münsterschen Zeitung* stammt.

Der erste Artikel, vermutlich aus den *Westfälischen Nachrichten*, trug den Titel „Jugendlicher wurde von einem Schläger schwer verletzt" und ist sehr sachlich gehalten.

Anders sieht es beim zweiten Artikel aus. Der war mit „Skinhead verprügelt drei Fußballfans" überschrieben. Der erste Satz beginnt mit „Arglos standen drei Sendener Jugendliche in Fußball-Fankluft ..." Aus dem unter dem offenen Baumwollhemd getragenen T-Shirt bei einer Person werden drei Personen in voller Fanmontur. So ist die Arbeit der Presse manchmal. Es werden auf Grundlage einer polizeilichen Pressemeldung gewisse Deutungen und Ausschmückungen vorgenommen, die mit der Wirklichkeit nur noch bedingt zu tun haben.

Sascha und Martin als Fußballfans zu bezeichnen, auch wenn das absolut nebensächlich ist, halte ich für eine abwegige Zuschreibung. Ich war in meiner Kindheit und Jugend schon sehr fußballinteressiert, allerdings war dies 1992 nicht mein vordringlicher Lebensinhalt, sondern einer von vielen. Auch war meine Art, Fan zu sein, nicht mit dem Besitz einer vollen Fanmontur verbunden. Und mit überschwänglichem Jubel, Grölen und Fan-Gesängen konnte ich nie etwas anfangen. Wenn ich im Stadion war, was selten vorkam, dann zog ich einen Sitzplatz in Höhe der Mittellinie jedem Aufenthalt in der Fankurve vor. Das Fan-Shirt habe ich damals gerne getragen. An diesem konkreten Tag hatte es allerdings eine vor allem praktische Bewandtnis, denn ein Teil unserer Wäsche stand nach dem Fuerteventura-Urlaub noch nicht wieder zur Verfügung, sondern trocknete noch an der Wäscheleine.

Am besagten Abend aber war ich eigentlich nicht in meiner Eigenschaft als Fußball-Fan unterwegs. Dieser 14. August 1992 war der Tag, an dem die neue Bundesliga-Saison eröffnet wurde. Der 1. FC Köln hatte ein Auswärtsspiel in Kaiserslautern. Dies weiß ich nicht aus der Erinnerung, aber es ließ sich recherchieren. Inwieweit ich Gelegenheit gehabt hätte, das Spiel zu sehen, kann ich heute nicht mehr nachvollziehen. Möglich, dass es damals auf dem Pay-TV-Sender *Premiere* oder bei einem anderen Sender übertragen wurde, sodass ich es gemeinsam mit meinen Eltern hätte verfolgen können. Vielleicht wurde es aber auch nicht gesendet. Über das Radio hätte ich vermutlich die Spielstände mitbekommen können. Ich erinnere mich auch daran, dass ich in dieser Zeit vor dem Internet und der Möglichkeit, fast alle Spiele irgendwie live im Fernsehen zu verfolgen, die Ergebnisse von Abendspielen manchmal erst am nächsten Morgen der Tageszeitung entnahm. Heute ist das unvorstellbar.

Um das besagte Abendspiel des 1. FC Köln kümmerte ich mich aber an diesem Abend nicht, sondern plante mit Martin und Sascha einen Kino-Abend.

Immer wieder wird über den Zusammenhang von Fußball und Gewalt geforscht und geschrieben. Wie stark diese Verknüpfung ist, zeigt allein das Polizeiaufgebot, das als erforderlich angesehen wird, um ein Bundesliga-Spiel zu begleiten. Gewisse Partien werden sogar als „Risikospiele“ eingeordnet. Ein entsprechend größerer Polizeieinsatz ist die logische Folge.

Mir geht es nicht darum, Fußballfans und gewaltbereite Hooligans pauschal gleichzusetzen. Für letztere ist Fußball nur Mittel zum Zweck. Die meisten Fußballfans sind anders. Mein Hinweis bezieht sich lediglich darauf, dass die Verknüpfung von

Fußball und Gewalt, wie sie in der besagten Schlagzeile vorkommt, geeignet ist, Assoziationen zu erzeugen, die in diesem Fall falsch wären. Auf diese Weise kann das Entstehen von Vorurteilen gegenüber Gewaltopfern unterstützt und ihnen unterschwellig eine Mitschuld unterstellt werden.

Uns also als Fußballfans zu bezeichnen, ist zumindest unglücklich, zumal Martins und Saschas Kleidung ebenso frei von Fußballzusammenhängen war wie ihre damaligen Interessen. Ich hätte die Schlagzeile „Angriff auf drei jugendliche Kinogänger“ deutlich bevorzugt, auch wenn das kleinlich erscheinen mag.

Die Kritik in Bezug auf den zweiten Zeitungsartikel ist aber für mich nicht einmal das Wichtigste. Den Berichten waren nämlich auch Informationen zu entnehmen, die wir bis dahin nicht gehabt hatten: Der Täter wurde von der Polizei noch am selben Tag aufgegriffen. Ihm wurde eine Blutprobe entnommen, die seinen Alkoholeinfluss bestätigte.

Aus der mir heute vorliegenden Urteilsschrift weiß ich, dass er knapp drei Stunden nach der Tat 1,75 Promille hatte. Unklar ist, wie viel er zwischen der Tat und der Blutprobe noch getrunken hat. Besonders bedenklich ist aber, dass in seinem Besitz noch ein Messer entdeckt und konfisziert wurde. Es hätte also noch sehr viel schlimmer ausgehen können.

Gerechtigkeit und Paragrafen, Teil 1

Im zweiten Halbjahr der Jahrgangsstufe elf, etwa zwei oder drei Monate vor dem Vorfall, haben wir im Deutschunterricht *Die Kindermörderin* von Heinrich Leopold Wagner gelesen. Obgleich der Deutschlehrer seinen Unterricht kreativ und abwechslungsreich gestaltete, sollten meine Leistungen am Ende mal wieder nur mit *ausreichend* bewertet werden.

Im Zusammenhang mit der Lektüre haben wir eine Gerichtsverhandlung gespielt. Die Kindermörderin wurde vor Gericht gestellt. Eine wunderbare Methode, um sich mit dem Buch auseinanderzusetzen. Ausgerechnet ich war der Staatsanwalt. Dass die „Täterin" am Ende unseres gespielten Verfahrens trotz ihres schweren Vergehens freigesprochen wurde, lag wohl vor allem an meiner schlechten Vorbereitung. Ich war ein miserabler Staatsanwalt. Heute würde ich mir zutrauen, die Sache etwas besser zu machen.

In den Jahren 1999 bis 2001 war ich für ein Magister-Studium an der Universität in Münster eingeschrieben. Im Hauptfach habe ich ab dem Sommersemester 2000 Erziehungswissenschaft studiert. In den Nebenfächern Soziologie und Zivilrecht. In Zivilrecht hatte ich das erste Semester verpasst, weil ich zunächst eine andere Fächerkombination gewählt hatte. Trotz des Einstiegs ohne die Vorkenntnisse aus dem ersten Semester kam ich gut zurecht und bestand sogar die Klausur mit *vollbefriedigend (11 Punkte)*, was mir damals nicht viel sagte. Es schien ein mäßiger Erfolg zu sein. Später wurde mir erklärt, dass *vollbefriedigend* eine im Jura-Studium übliche Zwischennote zwischen *gut* und *befriedigend* darstellt und Anlass zur Freude bietet.

Mich hat das juristische Arbeiten damals tatsächlich fasziniert. Der sogenannte Gutachtenstil, die gründliche Prüfung, welche Rechtsvorschriften zur Klärung eines Sachverhalts infragekommen, erschien mir plausibel, sachlich und somit fair. Eine abschließende Bewertung eines Sachverhalts erfolgt erst, wenn alle einschlägigen gesetzlichen Regelungen hinsichtlich ihrer Anwendbarkeit geprüft wurden.

Die beiden folgenden Semester waren dann ernüchternd. Für Europarecht konnte ich mich nicht interessieren. Und so wechselte ich trotz des vielversprechenden Einstiegs in ein juristisches Nebenfach den Studiengang. Diplom-Pädagogik enthielt die Nebenfächer Psychologie und Soziologie. Und damit war Zivilrecht erledigt.

Mein nun folgender Versuch, den Vorfall aus dem Jahr 1992 juristisch einzuordnen, ist problematisch. Ich bin betroffen und somit befangen. Außerdem bin ich kein Jurist, maße mir aber an, die Arbeit von Juristen zu bewerten. Gleichwohl möchte ich hier versuchen, so sachlich wie möglich eine Einordnung vorzunehmen, um die Bewertungen von damals auch für mich selbst greifbar zu machen. Eine Handlung gegen andere, wie zum Beispiel der beschriebene Vorfall, ist immer auch eine Erschütterung des Gerechtigkeitsgefühls. So ist es auch bei mir. Es ist das noch nicht konkret greifbare Gefühl zurückgeblieben, dass der Strafprozess dem Vorfall nicht gerecht wurde.

Die Aufgabe der Justiz hat für mich einen philosophischen Anteil. Handlungen und Ereignisse sollen in einer Weise eingeordnet und behandelt werden, die geeignet ist, ein Gefühl von Gerechtigkeit wiederherzustellen.

Für Opfer ist die Auseinandersetzung mit Urteilen allerdings herausfordernd, denn sie müssen sich auf das juristische Denken einlassen, das in Begriffen und Kategorien arbeitet, die nur bedingt der Alltagskommunikation entsprechen. Im Folgenden versuche ich nun eine Brücke zu bauen zwischen alltäglichen und juristischen Bewertungen.

Formal wird zwischen Offizial- und Antragsdelikten unterschieden. Zwar sagt das Strafgesetzbuch in Paragraph 223 damals wie heute, dass eine vorsätzliche Körperverletzung grundsätzlich strafbar ist, stellt aber gleichzeitig in Paragraph 230 dar, dass es sich um ein Antragsdelikt handelt. Das bedeutet, dass zunächst ein Antrag auf Strafverfolgung des Täters gestellt werden muss. Im Volksmund sagt man, dass man den Täter anzeigt. Dies haben meine Eltern gleich zweimal getan. Einmal persönlich und ein weiteres Mal über unseren Anwalt. Auch die fahrlässige Körperverletzung ist ein Antragsdelikt: Ohne einen entsprechenden Antrag nimmt die Staatsanwaltschaft die Arbeit nur dann auf, wenn von einem besonderen öffentlichen Interesse an einer Strafverfolgung auszugehen ist. Dies muss jeweils von der Staatsanwaltschaft begründet und vom Gericht geprüft werden.

Anders ist es bei der gefährlichen Körperverletzung, die damals in Paragraph 223 a dargestellt wurde und heute in Paragraph 224 zu finden ist. Ebenso wie die schwere Körperverletzung in Paragraph 226 ist dies ein sogenanntes Offizialdelikt, bei der ein öffentliches Interesse an einer Strafverfolgung immer vorausgesetzt wird. In diesen Fällen nimmt die Staatsanwaltschaft die Ermittlung auf, unabhängig von Antragsstellungen.

Bei der gefährlichen Körperverletzung wurde mit dem Bundesgesetzblatt vom 9. März 1974 auch die Strafbarkeit des Versuchs eingeführt.

Für die Strafverfolgung und die Bewertung einer Tat spielen, so wie ich es verstehe, drei Faktoren eine Rolle:

1. Die *Schuldform*, also die Unterscheidung zwischen *Fahrlässigkeit* und *Vorsatz*. *Fahrlässigkeit* meint das Außerachtlassen der erforderlichen Sorgfalt. *Vorsatz* umfasst das Wissen

und Wollen das Täters: Was wollte er erreichen? Was hat er gedacht?

2. Die *Begehungsform* der Tat, also die Eignung der Handlungen des Täters: Was hat der Täter konkret getan und welche realistischen Folgen waren erwartbar? Wichtig ist hier auch die subjektive Einschätzung des Täters selbst. War er imstande, die (möglichen) Folgen seines Handels zu verstehen?
3. Die tatsächlichen Folgen, also der *Erfolg* seines Handelns: Was hat der Täter erreicht?

Schuldform, Begehungsform und Erfolg. Die Beurteilung der Tat und in der Folge eine mögliche Verurteilung eines Täters setzt in diesen Fragen eine begründete Bewertung voraus, die frei von Zweifeln ist.

Vor diesem Hintergrund stellt sich hinsichtlich der Einordnung des Vorfalls aus dem August 1992 die Frage, in welche Kategorie die Tat überhaupt passt. Juristisch sind alle möglichen Einordnungen zu prüfen. Die abschließende Einordnung in Abgrenzung zu den verworfenen Einordnungsmöglichkeiten ist zu begründen.

Hierzu führe ich im Bemühen, auf emotionale oder persönliche Färbungen zu verzichten, noch einmal die unstrittigen, durch unterschiedliche Zeugen belegten Fakten auf:

1. Der Täter hat aktiv durch Provokation den Konflikt mit den drei Opfern gesucht.
2. Der Täter hat anlasslos zugeschlagen.
3. Der Täter hat, obgleich die drei Opfer versucht haben, die Situation zu schlichten, weiter Gewalt ausgeübt.
4. Selbst als die Opfer versucht haben, sich zu entfernen, verfolgte er sie. Er trat und schlug auf die Fliehenden ein.

5. Der Täter hat auf eines der Opfer, das verletzt und wehrlos am Boden lag, mehrfach eingeprügelt und -getreten und ließ sich zunächst nicht davon abbringen.
6. Der Täter hat zu keinem Zeitpunkt von sich aus die Angriffe eingestellt. Es gab also keinen Rücktritt von der Tat.
7. Erst die Intervention Unbeteiligter führte zu einem Abbruch seines Angriffs.
8. Der Täter kümmerte sich nicht um den Verletzten, sondern entfernte sich vom Tatort. (Das hat keine große Relevanz, kann aber in anderen Konstellationen im Kontext möglicher Unterlassungen von Bedeutung sein.)

Ergänzen möchte ich einen weiteren Punkt: Lüdinghausen und Senden sind klein. Da ich in Lüdinghausen zur Schule ging und der Täter, wie sich später herausstellte, nur wenige Wochen älter war als ich, ist es eben kein Wunder, dass wir gemeinsame Bekannte hatten. Natürlich ist die Tat ein Thema in der Schule gewesen, und sie hatte, ohne dass ich selbst darüber erzählt habe, bereits die Runde gemacht. Ein damaliger Mitschüler, Oliver, der heute ein guter Freund ist, kannte die Familie des Täters aus seiner Kindheit. Lange vor dem Vorfall hatte er mit der Familie und vor allem mit dem Täter eine Zeit lang zu tun.

Oliver hatte ihn nun am Vorabend der Tat zufällig getroffen, aber zunächst nicht erkannt. Zufällig auch wieder an einer Bushaltestelle. Auch er wurde von ihm angesprochen. Der Täter bat ihn um Feuer. Dann erkannte er Oliver und sprach das auch aus. „Wir kennen uns doch.“ Es gab keine Eskalationen, nur ein relativ normales Gespräch zweier Jugendlicher, die sich lange nicht gesehen hatten. Der Täter hatte mit seinem offenkundig rechten Einschlag (Bomberjacke, Springerstiefel, Frisur) bei Oliver einen irritierenden Eindruck hinterlassen. Das Interessante aber war, dass er bei diesem zufälligen Treffen die Tat ankündigte. Nicht spezifisch, aber allgemein. „Morgen passiert etwas!“ oder etwas in der Art soll er gesagt haben. „Ich spüre das. Ich weiß nicht was, aber es wird etwas passieren.“

Der Angler weiß, dass er angeln gehen, aber nicht welchen Fisch er aus dem Wasser holen wird. Dies belegt möglicherweise nicht viel. Es ist nicht mehr als ein kleines Indiz dafür, dass der Täter etwas vorhatte, das möglicherweise mit dem Gesetz in Konflikt stand. Was auch immer das war. Die Deutung, dass unser Vorfall und seine Ankündigung zusammenhingen, ist jedenfalls nicht abwegig. Oliver konnte damals, als er von dem Angriff auf mich erfuhr, die Tat mit der Begegnung in Verbindungen bringen. Und er erinnert sich noch heute daran.

Martin, Sascha und ich, wir könnten also zufällige Opfer einer angekündigten Tat geworden sein. Was hätte es verändert, wenn Olivers Aussage der Staatsanwaltschaft vorgelegen hätte? Ob sie im juristische Sinne ausreichend gewesen wäre, um sie als Ankündigung auszulegen und somit die Qualität des Vorsatzes noch einmal anders zu bewerten, ist fraglich. Abgesehen davon hat es eine Vernehmung des Zeugen Oliver eben nie gegeben.

Noch bevor ich irgendwelche Unterlagen einsehen konnte, habe ich versucht, die Tat anhand meines strafrechtlichen Laienverständnisses passend einzuordnen. Hierzu habe ich die entsprechenden Paragrafen des Strafgesetzbuches und die oben aufgeführten objektiven Tatbestände miteinander abgeglichen. Dabei bin ich, wie ich zugeben muss, etwas ins Schwimmen geraten. Ich bin vom Ergebnis der Tat geprägt und frage mich natürlich, wie der Täter dazu stand, dass er mich (und davon gehe ich aus) in Lebensgefahr gebracht hat. Versuchter

Totschlag, versuchter Mord, gefährliche Körperverletzung? Was nehmen wir denn mal? Aber das Strafgesetzbuch ist kein Bestellkatalog. Ich sehe mich als Bart Simpson an der Tafel stehen und immer wieder den Satz schreiben: *Du darfst die Sache nicht vom Ergebnis her denken. Du darfst die Sache nicht vom Ergebnis her denken.* Also langsam.

Eine *Körperverletzung* kann als fahrlässig oder vorsätzlich bewertet werden. Das sind die unterschiedlichen Schuldformen. Laut Gesetz ist die *vorsätzliche Körperverletzung* durch eine körperliche Misshandlung oder Schädigung der Gesundheit anderer definiert. Das könnte passen.

Die *fahrlässige Körperverletzung* beschreibt die Verletzung einer anderen Person durch fahrlässiges Handeln. Faustschläge und Tritte dürften allerdings kaum als Fahrlässigkeit auslegbar sein. Diese Schuldform scheidet also in unserem Fall aus.

Die *gefährliche Körperverletzung* ist dann gegeben, wenn zur *vorsätzlichen* noch spezifische Charakteristika hinzukommen: der Einsatz eines Giftes, einer Waffe oder eines gefährlichen Werkzeugs, eine das Leben gefährdende Handlung oder ein „hinterlistiger Überfall". Auch das könnte passen.

Bei der *schweren Körperverletzung* spielen die Tatfolgen eine entscheidende Rolle. Wenn eine Körperverletzung erhebliche, irreversible Gesundheitsschädigungen zur Folge hat, findet diese Einordnung Anwendung. Insofern ist das, was im Volksmund oder in der medialen Berichterstattung als „schwere Verletzung" bezeichnet wird, in den seltensten Fällen das, was der Gesetzgeber strafrechtlich darunter versteht. Der Verlust von Gliedmaßen oder irreversible Störungen der Sinnesorgane wären beispielsweise schwere Verletzungen. Auch der Verlust der Zeugungsfähigkeit fällt in diese Kategorie. Diese Einordnung würde trotz meiner gebliebenen Kopfschmerzneigung wohl nicht infragekommen.

Aber musste nicht auch geprüft werden, ob der Vorfall ein Tötungsversuch gewesen sein konnte? Eine Prüfung müsste hier differenzieren zwischen *versuchtem Totschlag* (Tötung ohne Mordmerkmale) und *versuchtem Mord.*

Ganz ohne differenzierte Prüfung, aber auf Grundlage meines Gefühls habe ich die Vorsatz-Arten eingegrenzt und dem Täter einen bedingten Tötungsvorsatz unterstellt. Dies meint, dass ich nicht davon ausgehe, dass er die *Absicht* hatte, mich zu töten. Auch unterstelle ich kein *sicheres Wissen*, dass seine Handlungen mit großer Wahrscheinlichkeit zum Tod führen konnten.

Aber die „billigende Inkaufnahme“ schien mir gegeben: Wenn es dem Täter nachweislich egal gewesen wäre, ob ich seinen Angriff überlebe oder nicht, dann hätte von einem *bedingten Vorsatz*, der auch als *Eventualvorsatz* bezeichnet wird, ausgegangen werden können. Das erschien mir plausibel: Nimmt nicht jemand, der einen wehrlos am Boden Liegenden attackiert und dabei auch Angriffe in Form von Tritten und Schlägen gegen den Hals und den Kopf führt, dabei den Tod billigend in Kauf? Man müsste nachweisen, dass dem Täter klar war, dass sein Handeln das Leben eines anderen in erheblicher Weise gefährden könnte, und dass ihn dieses Wissen nicht zur Einkehr bewegt hat.

Das aus meiner Sicht interessanteste Urteil zum *Eventualvorsatz* ist das der sogenannten Kudamm-Raser. Zwei junge Erwachsene hatten ein nächtliches Rennen mit hochmotorisierten Autos in der Berliner Innenstadt veranstaltet und Geschwindigkeiten von bis zu 160 Stundenkilometern erreicht. Dabei haben sie mehrere rote Ampeln ignoriert und schließlich, indem sie trotz roter Ampel ungebremst in eine Kreuzung einfuhren, einen tödlichen Unfall verursacht. Der Unfallfahrer wurde wegen Mordes verurteilt, der Fahrer des anderen am Rennen beteiligten Autos wegen versuchten Mordes.

Dies war das erste Mal in der Rechtsgeschichte der Bundesrepublik Deutschland. Schon vorher hatte es illegale Rennen mit tödlichem Ausgang für Unbeteiligte gegeben. Bis zum Urteil gegen die Kudamm-Raser wurde in der Regel auf *gefährlichen Eingriff in den Straßenverkehr* und *fahrlässige Tötung* erkannt. Nun wurde erstmals ein Raser wegen Mordes angeklagt und vom Gericht entsprechend verurteilt.

Die tödliche Verletzung anderer Verkehrsteilnehmer war *billigend in Kauf genommen* worden. Den beiden Rasern war die Gefahr ihres Handelns bewusst, so argumentierte der Staatsanwalt. Das Gericht schloss sich dem uneingeschränkt an. Das Urteil ist geprüft und letztlich vom Bundesgerichtshof bestätigt worden. Dabei ist der Unterschied zwischen fahrlässiger Tötung und Mord in diesem Fall dem Anschein nach gar nicht groß. Ausdruck der Fahrlässigkeit wäre gewesen, wenn die Raser davon ausgegangen wären, dass schon niemand ihren Weg kreuzen würde. Argumentiert wurde nun, dass eine solche Annahme nicht realistisch sein konnte. Die Anwälte haben versucht, mittels eines psychologischen Gutachtens kognitive Einschränkungen nachzuweisen. Das ist nicht gelungen. Wenn den beiden Rasern aber klar gewesen sein musste, dass von durchgehend freien Straßen nicht ausgegangen werden konnte, dann haben sie ihr situatives Vergnügen beim Rennen über die Sicherheit anderer gestellt und somit die tödliche Gefährdung anderer billigend in Kauf genommen. Der Eventualvorsatz war somit erfüllt.

Vergleiche zwischen so unterschiedlichen Taten sind schwierig. Da ich aber nicht urteile, sondern lediglich eine offene Frage bewege, möchte ich gedanklich die Prüfung einer versuchten Tötung in Bezug auf den mich betreffenden Vorfall ins Spiel bringen.

Wenn ich im Gedankenspiel davon ausgehe, dass, wer einen wehrlos am Boden Liegenden gegen den Hals und den Kopf tritt, den Tod des Opfers billigend in Kauf nimmt, muss ich weitere Fragen klären. Sind Mordmerkmale erfüllt? Dass der Täter mich zur Abreaktion seiner Wut nutzte, stellte doch vielleicht sogar einen niederen Beweggrund dar.

Somit waren aus meiner Sicht der *Eventualvorsatz* sowie das Mordmerkmal *niedere Beweggründe* nicht ohne Weiteres ausschließbar. Die Einordnung der Tat als versuchter Mord wäre also zumindest denkbar gewesen.

Du darfst die Sache nicht vom Ergebnis her denken. Du darfst die Sache nicht vom Ergebnis her denken.

Ich gehe an den Anfang und stelle mir vor, jemand hätte den Täter vor der Tat folgendes gefragt: „Gleich kommen drei Jugendliche. Einer trägt ein Köln-T-Shirt. Möchtest du sie töten?“ Ich glaube, dass er selbst unter Einsatz der zuverlässigsten Wahrheitsdroge nicht mit „Ja!“ geantwortet hätte. Vermutlich hätte er gesagt: „Nein, aber die kriegen was vor die Fresse!“ Ich vermute, dass er eine Schlägerei wollte. Dies war wohl sein Vorsatz, auch wenn es danach deutlich aus dem Ruder gelaufen ist.

Es wurde also in diesem Sinne folgerichtig kein Mordversuch und auch kein versuchter Totschlag angeklagt.

Damals blieben am Ende wohl die *einfache* und die *gefährliche Körperverletzung* als ernsthaft zu prüfende Optionen übrig. Wie waren die Schuldform, die Begehungsform (also die Gefährlichkeit der konkreten Gewalthandlungen) und der Erfolg, sprich meine Verletzungsschwere, abschließend zu beurteilen? Lange habe ich über diese Dinge gar nicht nachgedacht. Da mein Vater aber sämtliche Briefwechsel mit unserem Anwalt aufbewahrt hat, ließ sich zwischenzeitig herausfinden, wie die Staatsanwaltschaft und das Gericht die Tat damals bewertet haben.

Angeklagt wurde tatsächlich eine *gefährliche Körperverletzung*. Es hätte also auch ohne den von meinen Eltern und dem Anwalt gestellten Strafantrag eine Strafverfolgung gegeben.

Der Strafrahmen des Paragraphen 223 a des Strafgesetzbuchs sah in der damals gültigen Fassung (1975-1993) eine Freiheitsstrafe von bis zu fünf Jahren oder eine Geldstrafe vor. Ab 1994, zwei Jahre nach dem Vorfall, betrug der Strafrahmen drei Monate bis fünf Jahre. Eine Geldstrafe ist seitdem nicht mehr möglich. Der heutige Strafrahmen liegt zwischen sechs Monaten und zehn Jahren. In minderschweren Fällen, was auch immer darunter zu verstehen ist, wird noch der alte Strafrahmen (drei Monate bis fünf Jahre) verwendet.

Auch eine möglicherweise verminderte Schuldfähigkeit musste einbezogen werden. Der Täter war noch Jugendlicher, stand unter Alkoholeinfluss und hat keine Waffe genutzt. Hätte er morden wollen, wäre der Vorfall vermutlich anders abgelaufen, zumal er, wie sich später noch zeigen sollte, in der Situation eine Waffe mit sich führte.

Das Gericht ließ die Anklage zu. Verhandelt wurde vor dem Jugendschöffengericht. Zuständig war aufgrund des zu erwartenden niedrigen Strafmaßes das Amtsgericht in Lüdinghausen.

Als ich diese Information den alten Unterlagen entnahm, empfand ich die Einordnung als halbwegs stimmig. Ein versuchter Totschlag oder gar ein versuchter Mord wären vielleicht irgendwie begründbar gewesen, allerding zu einem enorm hohen Preis. Wie viele andere Taten müsste man dann auch so einordnen? Wie viele langjährige Freiheitsstrafen hätte das zur Folge? Es war für Staatsanwaltschaft und Gericht mehr als eine „einfache" Körperverletzung gewesen. Dies schien die Schwere des Angriffs und das Maß an Gefährdung anzuerkennen. Doch ich wollte es genau wissen und beantragte im Februar 2023 bei der Staatsanwaltschaft Akteneinsicht, da mir Unterlagen zum Strafprozess bis dahin nicht vorlagen.

Der Täter

Wer war der Täter? Welche Rolle spielt er für mein Leben? Um ihn zu verstehen, weiß ich zu wenig. Im Grunde weiß ich gar nichts über ihn. Ich kenne seinen Namen, den ich aber hier nicht nenne. Der Vorfall ist formal abgeschlossen; und der Täter hat das Recht, anonym zu bleiben. Aus den wenigen Informationen über ihn etwas Aussagekräftiges abzuleiten, ist nicht möglich. Der Täter ist nicht die Tat. Ob die Tat sein Leben oder die damalige Lebensphase repräsentiert oder im krassen Kontrast zu seiner übrigen Lebensführung steht, kann ich nicht beantworten.

Dennoch wäre es für mich interessant, mehr über ihn zu wissen. Seine Geschichte ist Teil des Tathintergrundes, und die Tat betrifft mich. Gleichzeitig aber ist eine Auseinandersetzung mit ihm gar nicht entscheidend. Seine Tatmotivation kann zwar stärker beleuchtet werden, aber es ist davon auszugehen, dass sie wenig mit mir zu tun hat, und dass es auch jeden anderen hätte treffen können. Wir waren einander fremd und sind uns zufällig begegnetet.

Aus diesem Grund fällt meine Auseinandersetzung mit ihm sehr knapp aus. Seine Biografie bleibt weitestgehend im Dunkeln. Was also kann zum Verständnis der Tat beitragen?

Die Familie des Täters hatte wohl aus unterschiedlichen Gründen einige Probleme zu bewältigen. Ich weiß, dass er ein paar Wochen älter ist als ich und zur Zeit des Vorfalls gerade eine handwerkliche Lehre absolvierte. Zudem hat er wohl damals viel getrunken, war gewaltbereit und in seinem Selbstverständnis rechts.

Ein alter Sandkastenfreund von mir, zu dem es heute kaum noch Kontakt gibt, ging in seine Berufsschulklasse, wenn ich mich recht erinnere. Nach der Tat ließ der Täter uns jedenfalls über ihn ausrichten, dass er jede Haftstrafe, die da kommen könnte, „auf einer Arschbacke absitzen“ werde.

Doch es zeigte sich auch ein anderes Bild. Über eine Zeugin, eines der beiden Mädchen, die mit ihm unterwegs gewesen waren, war später zu erfahren, der Täter wisse sehr wohl, „dass er Scheiße gebaut“ habe. Martin erinnert sich an eine Zufallsbegegnung bei einem Fest in Senden. War es die Oldie-Night oder das Mai-Fest? Irgendetwas in der Art.

Ich gehe davon aus, dass er nach der Gerichtsverhandlung seine Lehre abgeschlossen und in dem betreffenden Beruf auch tätig geworden ist. Auch gehe ich davon aus, dass seine Bewährung nicht widerrufen wurde. Vielleicht war der Vorfall für ihn in dem Sinne hilfreich, dass er danach nicht mehr mit dem Gesetz in Konflikt geraten ist.

Manchmal frage ich mich, wie es dem Täter mit dem geht, was er getan hat. Wie groß ist sein Bewusstsein für die Gefahr, in die er mich gebracht hat? Hat er ein schlechtes Gewissen? Denkt er heute noch manchmal daran?

Manchmal begehen Menschen eine Gewalttat, und die Erinnerungen daran quälen sie. Psychologisch würde man dieses konkrete Schuldgefühl als spezifische Form einer Traumatisierung sehen. Es gibt Täter, die sich durch ihre Tat selbst traumatisieren. Die Zeugenschaft ihrer eigenen Handlungen überfordert sie. Sie können die Eindrücke nicht vergessen. Ob das in Bezug auf unseren Vorfall so ist, kann ich nicht sagen, aber es ist schwer vorstellbar.

Dass die Zeugin zu Martin sagte, der Täter wisse, dass er „Scheiße gebaut“ habe, lädt zu weiteren Fragen und Spekulationen ein. Das *Wissen* um ein Fehlverhalten, vor Gericht würde man wohl eher von *Einsicht* sprechen, meint an erster Stelle eine Qualität des Nachdenkens über einen Sachverhalt. Das Nachdenken verändert sich jedoch durch das Maß an emotionaler Beteiligung. Die Einsicht eines Fehlverhaltens ist noch kein Schuldgefühl. Aus meiner Sicht gibt es da einen graduellen Unterschied. Wer Schuld wirklich fühlt, wird weniger wahrscheinlich ein Fehlverhalten wiederholen.

Ein Schuldgefühl kann sich mit der Zeit verändern. Die formale Schuld ist quasi mit der Zahlung einer Geldstrafe, dem Ende einer Freiheitsstrafe oder dem Ablauf der Bewährungsfrist erledigt. Das Gefühl von Schuld kann davon unabhängig sein.

Ich bezweifle, dass unser Täter sich mit seiner Schuld intensiv auseinandergesetzt hat. Aber dies kann ein Vorurteil sein.

Natürlich habe seinen Namen bei Google eingegeben. Das war wenig ergiebig. Aber es führt mich zu der Annahme, dass er noch immer in der Region lebt, möglicherweise sogar so nahe, dass wir uns theoretisch schon im Supermarkt oder sonst wo über den Weg gelaufen sein könnten. Da ich keine Erinnerung an ihn habe und zudem dreißig Jahre vergangen sind, vermute ich, ich würde ihn nicht erkennen. Ist er wohl immer noch rechts und latent aggressiv?

Ich frage mich, wie eine Begegnung für ihn wäre. Würde er, vielleicht aus Scham, einen feindseligen Ton anschlagen und deutlich machen, dass wir uns zwingend aus dem Weg gehen müssen? Oder würde er sich aufrichtig erkundigen, wie es mir geht?

Ich weiß auch nicht, wie es mir mit einer Begegnung gehen würde. Mich treibt Erkenntnisinteresse, nicht Wut. Ich werfe dem Menschen, der er heute ist, seine damaligen Handlungen nicht vor. Das Thema Schuld ist für mich abgeschlossen. Dennoch bewegt mich die Frage, ob das Gerichtsverfahren damals zu einer ausreichenden Würdigung der Tat und zu einem angemessenen Urteil geführt hat.

Gerechtigkeit und Paragrafen, Teil 2

Ende Juni 1993 kam ein Brief vom Amtsgericht Lüdinghausen. Ich war als Zeuge zum Strafprozess gegen den Täter geladen. Unser Anwalt regelte mit dem Gericht, dass ich nicht zu kommen brauchte. Aus heutiger Sicht ist das bedauerlich. Damals dachte ich, dass ich gar nichts beitragen konnte, da mir die Erinnerung fehlte. Aber gerade diese Aussage wäre doch schon ein Beitrag gewesen. Auch die gesundheitlichen Folgen hätte ich mitteilen können. So bin ich außer für wenige Minuten bei der Polizei als Opfer nicht angehört worden. Fairerweise muss ich eingestehen, dass mir das zu der Zeit auch nicht wichtig war, und dass ich mich nicht darum bemüht habe.

Es war vor allem der Termin, der zu meinem Fernbleiben führte, denn der Prozess lag in den Sommerferien und sollte genau während meines Urlaubs in England stattfinden. Ich hätte also, so fühlte es sich damals an, für den Prozess auf meinen Urlaub verzichten oder ihn zumindest kürzen müssen. Heute würde ich den Urlaub vielleicht einfach für zwei Tage unterbrechen.

Vor Gericht wurden die mildernden Umstände gewertet: Der Täter war zur Tatzeit noch nicht volljährig. Es galt also das Jugendstrafrecht. Er war durch erheblichen Alkoholgenuss enthemmt. Es bestand aber ausdrücklich kein Zweifel an seiner Einsichtsfähigkeit. Seine Trunkenheit wurde nicht als Vollrausch gewertet, der hinsichtlich der Körperverletzung die Einstufung *schuldunfähig* hätte nach sich ziehen können. Dies wurde vom Gericht dadurch begründet, dass der Täter laut eigenen Angaben an Alkohol gewöhnt war, und dass er auf dem Fahrrad geflohen war, wobei noch ein Mitfahrer auf dem Oberrohr, der sogenannten *Stange*, saß. Wenn er dazu motorisch noch in der Lage war, so die nachvollziehbare Logik des Gerichts, kann sein Rausch nicht so erheblich gewesen sein. Im schriftlichen Urteil gibt es hierzu die überraschend umgangssprachliche Formulierung: „Er ist schließlich mit dem Fahrrad geflüchtet und hat noch einen auf der Stange gehabt."

Das Auftreten des Täters vor Gericht, das meine Familie mir später schilderte, passte in das Bild, das wir von ihm hatten. Anscheinend gab es niemanden, der positiven Einfluss auf ihn nahm und ihn fürsorglich darauf hinwies, dass ein ordentlicher Auftritt in seinem eigenen Interesse lag. Er kam tatsächlich in Springerstiefeln mit weißen Schnürsenkeln und beantwortete die Frage eines Schöffen, was dies zu bedeuten habe, mit „Rassenhass".

Das Ergebnis des Strafprozesses vor dem Jugendschöffengericht muss ich damals in irgendeiner Weise erfahren haben. Ich bin mir sicher, dass ich nach dem Prozess aus England angerufen und mit meinen Eltern darüber gesprochen habe. Wenn ich darüber nachdenke, erinnere ich mich genau an den Straßenzug in Bournemouth und an den Standort der roten Telefonzellen. An das Telefonat erinnere ich mich nicht. Ich vermute aber, dass es stattgefunden hat. Auch vom Urteil muss ich erfahren haben. Wenn man mich aber in den letzten Jahren danach gefragt hätte, hätte ich es nicht mehr gewusst.

Heute weiß ich es wieder. Aus der Akte meines Vaters konnte ich entnehmen, dass der Täter zu einer Freiheitsstrafe von acht Monaten verurteilt wurde, die zur Bewährung ausgesetzt wurde. Jugendstrafen fallen grundsätzlich milder als Erwachsenenstrafen aus, gleichzeitig spielte die verminderte Schuldfähigkeit durch die alkoholbedingte Enthemmung eine Rolle. Zwar ist mit diesen acht Monaten eine Strafe im unteren Bereich des gesetzlichen Strafrahmens ausgesprochen worden, aber es ist ein klarer Schuldspruch mit der Verhängung einer zur Bewährung ausgesetzten Freiheitsstrafe. Das Gericht hat den Vorfall also schon ernstgenommen, wenn auch bedacht werden muss, dass im selben Verfahren noch eine zweite

Angelegenheit verhandelt wurde, die in die Strafe eingeflossen ist: Fahren ohne Fahrerlaubnis. Gleichzeitig wurde bei der Strafzumessung argumentiert, dass der Täter gerade im dritten Lehrjahr und der Abschluss der Lehre auch für die Sozialprognose wichtig sei.

Ich bin im Rahmen meiner Aufarbeitung davon ausgegangen, dass die gefährliche Körperverletzung dadurch begründet wurde, dass ich eben wehrlos am Boden gelegen habe und er dennoch weitere gefährliche Angriffe gegen mich führte. Doch ich wollte eben sichergehen. Aus diesem Grund habe ich 2023 den Antrag auf Akteneinsicht gestellt. Einige Wochen später wurde mir von der Staatsanwaltschaft das dreißig Jahre alte Urteil per Post zugesendet.

Mit den in der Urteilsbegründung enthaltenen Einordnungen tue ich mich in Teilen schwer. Es gibt sonderbare Fehler, die aber in der Bewertung keine Rolle spielen. Aus meiner Sicht sollte dies dennoch nicht sein. So wird zum Beispiel angegeben, Martin habe das Köln-T-Shirt getragen. Die zum Teil sehr umgangssprachlich gehaltenen Formulierungen irritieren mich. Auch fiel mir auf, dass keine Bewährungszeit angegeben wurde.

Vor allem jedoch verwundert mich die Begründung der Einordnung als gefährliche Körperverletzung. Ausschlaggebend war für das Gericht die Tatsache, dass der Angreifer Schuhe getragen hatte. Der Schuh wurde als *gefährliches Werkzeug* eingestuft. Das wird seine Ursache darin haben, dass Springerstiefel eben keine italienischen Slipper sind. Soweit nachvollziehbar. Tritte mit einem „beschuhten Fuß“, so hieß es wörtlich, führten zu der Einordnung als gefährliche Körperverletzung. Martin und ich wurden getreten, Sascha „nur“ geschlagen. Gewertet wurden also die gefährliche Körperverletzung in zwei

Fällen und eine „einfache" vorsätzliche Körperverletzung in Bezug auf die Faustschläge in Saschas Gesicht.

„Der Angeklagte hat sich nach den getroffenen Feststellungen des fortgesetzten Fahrens ohne Fahrerlaubnis gemäß § 21 Abs. 1 Ziffer 1 StVG schuldig gemacht und weiter in drei Fällen der vorsätzlichen Körperverletzung gemäß § 223 StGB, davon in zwei Fällen in der qualifizierten Form der gefährlichen Körperverletzung gemäß § 223 a StGB, indem er mit dem beschuhten Fuß – und somit mittels eines gefährlichen Werkzeuges – die Gebrüder Peitz körperlich misshandelt hat."

Aus heutiger Sicht macht mich diese Begründung fassungslos. Letztlich ist die Tat doch in drei Sequenzen aufzuteilen:

1. Die Schläge gegen Sascha.
2. Die Tritte und Schläge gegen Martin und mich, zu dem Zeitpunkt, als ich noch handlungsfähig war.
3. Die Tritte und Schläge gegen mich, auch gegen meinen Hals und meinen Kopf, als ich handlungsunfähig und somit wehrlos war.

Die erste und die zweite Tatsequenz wurden vom Gericht im Strafmaß gewürdigt und eingeordnet. Die dritte Tatsequenz wurde zwar eingangs im Tatvorwurf geschildert, aber beim Urteil und seiner Begründung nicht noch einmal aufgegriffen. Wurde sie vielleicht mitgedacht, aber nicht aufgeführt? Oder kam sie mündlich zur Sprache, wurde aber bei der Verschriftlichung des Urteils vergessen? So oder so, es ist für mich unverständlich.

Aus meiner Sicht wiegt die dritte Tatsequenz am schwersten. Hätte man nicht selbst von einem gewaltbereiten Angreifer wie unserem Täter erwarten müssen, dass er seinen Angriff abbricht, wenn jemand offenkundig handlungsunfähig am Boden liegt? Hatte er etwa sein Ziel noch nicht erreicht? Hätte er nicht schon im eigenen Interesse sicherstellen müssen, dass ich versorgt werde? Stattdessen prügelte er weiter. Mir wird mulmig zumute, wenn ich an das Messer denke, das er mit sich führte.

Stellt nicht diese dritte Tatsequenz im Grunde eine zusätzliche gefährliche Körperverletzung dar und hätte als „das Leben gefährdende Behandlung“ in die Urteilsbegründung gehört? Die Würdigung dieser dritten Tatsequenz wäre wahrscheinlich strafverschärfend und zudem für mich als Opfer wichtig gewesen: Sie hätte bedeutet, dass eine Anerkennung der extremen Gefährdung und der Tatfolgen erfolgt wäre.

Wie dramatisch solche Situationen auch verlaufen können, wurde mir deutlich, als ich mich mit dem sehr bedrückenden Angriff auf *Mark Herbert* beschäftigt habe. Der war am 25. August 2012 als Fan der Offenbacher Kickers nach einem Heimsieg seiner Mannschaft von einem Täter angegriffen worden. Dabei wurde er so heftig gegen eine Mauer geschleudert, dass er neben einer Kopf- auch eine schwere Halswirbel- und eine Rückenmarksverletzung davongetragen hat.

Mark Herbert ist in der Folge dieses Angriffs querschnittsgelähmt. Dass er noch lebt, ist wohl dem Einsatz der Ärztinnen und Ärzte zu verdanken. Viele Krankenhausaufenthalte und Operationen musste er durchleiden. Der Täter war damals nicht leicht zu ermitteln. Es gab zwar Zeugen, diese aber waren nicht bekannt und suchten von sich aus keinen Kontakt zur Polizei. Über den Fall wurde unter anderem bei Aktenzeichen XY berichtet. Letztlich wurde der Täter einige Jahre später doch noch gefasst, und es gab eine Verurteilung zu elf Jahren Haft wegen versuchten Totschlags.

Ein weiterer dramatischer Fall hat mich beschäftigt. Ein 24-jähriger Neonazi hat im Jahr 2010 in der Nürnberger U-Bahn einen 17-jährigen Schüler angegriffen, der Migrationshintergrund hatte und in der Antifa aktiv war. In Folge des Angriffs erlitt der Schüler einen Herzstillstand und hatte Glück im Unglück, da ein Ersthelfer genau wusste, was zu tun war. Am Ende der ungewöhnlich langen Reanimation konnte das Opfer gerettet werden. Es waren allerdings noch einige Operationen erforderlich. Das Besondere bei diesem Fall war, dass der Täter ein durchtrainierter Kickboxer und somit technisch in der Lage war, sein Opfer besonders schwer zu verletzen. Verurteilt wurde er wegen gefährlicher Körperverletzung. Ein versuchter Totschlag wurde geprüft, war aber am Ende nicht nachweisbar, da der Täter sein Opfer zwar verletzen wollte, aber den vermutlich in Folge eines Schocks aufgetretenen Herzstillstand nicht hatte absehen konnte. Der Täter wurde zu fünfeinhalb Jahren Haft verurteilt.

Der mich betreffende Vorfall und die beiden hier beschriebenen weisen Gemeinsamkeiten und Unterschiede auf. Aufgrund der in den anderen beiden Fällen deutlich schwereren Verletzungsfolgen muss jeder Vergleich behutsam und differenziert erfolgen.

Aus meiner Sicht sind die Intentionen und Handlungen der Täter vergleichbar, die Tatfolgen für die Opfer aber nicht. Meine Einschätzung als Betroffener ist, dass ich einfach mehr Glück hatte als Mark Herbert und der Schüler in Nürnberg. Ich komme daher auch zu dem Fazit, dass in meinem Fall der Täter vergleichsweise glimpflich davon gekommen ist.

Es gab also die zur Bewährung ausgesetzte Freiheitsstrafe. Das Gericht hat bewusst von Auflagen abgesehen. Es gab keine

Therapie-Auflage, obgleich gewohnheitsmäßiges Trinken und aggressive Reaktionen auf Alkohol dargestellt wurden. Auch wurden weder Sozialstunden noch ein Entschuldigungsbrief auferlegt.

Wenn ich den Begriff *Bewährungsstrafe* höre oder lese, denke ich an eine gelbe Karte beim Fußball. Sollte sich das Verhalten wiederholen, folgt die rote; dann fliegt man vom Platz, wie es umgangssprachlich heißt. Es bedeutet aber auch, dass der Schiedsrichter den Spieler im Blick hat und seinem weiteren Verhalten besondere Aufmerksamkeit widmet.

Der Begriff *Bewährungsstrafe* wird umgangssprachlich verwendet und ist genau genommen nicht korrekt. Eigentlich wird das Strafmaß für eine Haftstrafe festgelegt. Im Falle der Person, die uns angegriffen hat, lautete die Strafe also acht Monate Haft. Die *Vollstreckung* der Strafe wurde zur Bewährung ausgesetzt.

Die Bewährung ist also nicht die Strafe, sondern eine Chance. Ein Täter, dessen Strafe zur Bewährung ausgesetzt wird, erhält die Möglichkeit zu zeigen, dass sich seine Tat nicht wiederholt. Wenn er sich im Zeitraum der Bewährung nichts weiter zu Schulden kommen lässt, bleibt ihm der Gefängnisaufenthalt erspart.

Strafprozesse sind nicht für Opfer gedacht. Vor Gericht ist man nicht Opfer, sondern Zeuge. Man kann seine Opferschaft bezeugen, genau so wie eine unbeteiligte Person ihre Außenwahrnehmung schildert. Die Zeugenaussage eines Opfers spielt zwar eine wichtige Rolle, ihr Zweck ist aber lediglich der Beitrag zur Wahrheitsfindung bezüglich der Tatbegehung und Tatfolgen. Auf dieser Basis beschäftigt sich das Gericht mit den Fragen der Schuld. Ist die Schuld zweifelsfrei erwiesen? Wie schwer wiegt sie?

Auch beim Strafmaß, das dem Täter bei Prozessende verkündet wird, spielt die ausgleichende Gerechtigkeit gegenüber dem Opfer nicht die wichtigste Rolle. Ein Urteil muss gleich mehrere Zwecke erfüllen: Es muss die Vergangenheit, Gegenwart und Zukunft in Einklang bringen. Es muss die vergangene Tat bewerten und je nach Schwere sanktionieren. Es muss dem gegenwertigen Gerechtigkeitsempfinden der Gesellschaft und des Opfers möglichst gut entsprechen, dabei aber auch die Rechte des Täters achten. Das Gericht muss seine zukünftige Resozialisierung, so gut es geht, ermöglichen.

Gegenüberzustellen, dass ich fast zwei Wochen im Krankenhaus lag und lebenslang immer wieder mit Kopfschmerzen konfrontiert bin, und dass der Täter eine Freiheitsstrafe von acht Monaten erhielt, die zur Bewährung ausgesetzt wurde, ist nicht sinnvoll. Das eine hat mit dem anderen wenig zu tun. Ein Aufwiegen von Leid und Strafe ist nicht möglich. Es gibt kein Auge-um-Auge-Prinzip.

Vielleicht hätte ich es 1993 begrüßt, wenn der Täter keine Chance zur Bewährung erhalten hätte. Ich erinnere mich aber nicht, überhaupt darüber nachgedacht zu haben. Aus heutiger Sicht ist mir klar, dass eine Haftstrafe ein erheblicher Einschnitt in die Biografie ist und das gesamte weitere Leben verändert. In einer Haftanstalt hat man andere Kontakte als in Freiheit. Ob diese Kontakte dem Täter dabei helfen, eine friedfertigere Weltsicht zu entwickeln und zukünftig rücksichtsvoller mit anderen umzugehen, darf bezweifelt werden. Haftanstalten sind keine Orte, an denen man sich wohl und sicher fühlt. Sie folgen unter anderem dem Zweck der Abschreckung. Gleichzeitig sollen sie Täter zu besseren, sprich sozialverträglicheren Menschen machen und an der Resozialisierung mitwirken.

Der Begriff Resozialisierung ist allerdings für manche Täter blanker Hohn, wenn man beachtet, aus welchen Umfeldern sie kommen. Sie hatten nie eine ausreichende Chance, das zu erleben, was wir sozialromantisch unter Sozialisierung verstehen. Es mangelte ihnen an einem Umfeld, dass man als „gesund“ und „hilfreich“ beschreiben könnte. Da wäre Resozialisierung eigentlich kein adäquates Ziel. Es müsste erst einmal eine basale Sozialisierung nachgeholt werden.

Eine Strafe muss tat- und schuldangemessen sein. Nach einer Haftstrafe erschwert sich die Berufslaufbahn eines Täters und somit seine gesamte weitere Lebensführung. Dennoch gibt es Taten, bei denen eine Haftstrafe unumgänglich ist. Die Tat, deren Opfer ich wurde, gehörte nach Auffassung des Gerichts nicht dazu. Ich finde nicht, dass eine zur Bewährung ausgesetzte Haftstrafe von acht Monaten aufwiegen kann, was die Tat für mich und Martin bedeutet. Das Strafmaß erscheint mir sehr milde. Damit möchte ich nicht anzweifeln, dass ein zur Bewährung aussetzbares Strafmaß gewählt wurde. Dennoch hätte der Täter sich über eine härtere Strafe nicht beschweren dürfen.

Ein halbes Jahr nach dem Straf- gab es dann auch den Zivilprozess. Unserer Schmerzensgeldklage wurde stattgegeben. Mir wurden 5.000 Mark zugesprochen, Martin sollte 500 Mark erhalten. Dieses zivilgerichtliche Urteil gibt hinsichtlich der Schwere der Tat ein größeres Gefühl von Gerechtigkeit als das Ergebnis des Strafprozesses.

Aus Tätersicht waren 5.500 Mark sicherlich sehr viel Geld, zumal er auch die Kosten des Strafprozesses zu tragen hatte. Er war damals noch in der Lehre und verdiente nicht viel Geld. Ich glaube daher, dass die Zahlungen ihm wehgetan haben und möglicherweise noch lehrreicher als die Bewährungsstrafe waren. Gemessen an den Folgen, die ich heute noch immer spüre, weiß ich nicht, ob die Höhe des Schmerzensgeldes verhältnismäßig war.

Ich bekam jedenfalls monatlich per Post einen Verrechnungsscheck über 100 Mark. Der Täter hat dieses Schmerzensgeld zuverlässig gezahlt. Ich erinnere mich an keinen einzigen Scheck, der zu spät gekommen wäre.

Die psychischen Folgen des Vorfalls wurden damals von niemandem in den Blick genommen. Weder Martin noch ich wurden psychologisch betreut. Dies war allerdings 1992 auch noch nicht üblich und verbreitet. Auch hatten wir keinen Kontakt mit Opferschutzorganisationen wie dem *Weißen Ring*. Beides würde ich heute empfehlen.

Martin und ich haben, wenn vielleicht auch in unterschiedlicher Weise, noch heute mit dem Vorfall zu tun. Meine Themen sind die Entwürdigung und die Gleichgültigkeit gegenüber schweren Folgen auf der einen und die Persönlichkeitsveränderung auf der anderen Seite. Martins Thema, so würde ich es einordnen, ist die erlebte Machtlosigkeit. Er konnte nicht verhindern, was damals passiert ist. Der Vorfall, sein Erleben und die Folgen waren wohl für uns beide von traumatisierender Schwere, auch wenn wir das über dreißig Jahre in dieser Form nicht geahnt haben.

Wenn ein 15-Jähriger machtlos miterleben muss, wie sein älterer Bruder wehrlos am Boden liegt und immer weiter mit Schlägen und Tritten traktiert wird; wenn der verletzte Bruder danach nicht mehr in der Lage ist, seine Gedanken zu ordnen; und wenn er mit einer völlig unklaren Perspektive hinsichtlich der Verletzungsschwere und bleibender Schäden im Krankenhaus aufgenommen werden muss und zunächst auf die Intensivstation gebracht wird; wenn all das passiert, dann stellt dies ein erhebliches Maß an Belastung dar.

Gerichtlich gewertet wurde aber nur die körperliche Folge. Martin hat allerdings, vermutlich wegen der vordringlich spürbaren Stressbelastung, seine eigene körperliche Verletzung nur am Rande mitbekommen. Es waren sowohl Schürfungen als auch Hämatome. Dafür wurden ihm 500 Mark zugesprochen.

Es waren eben „nur" Körperverletzungen. Die seelischen Folgen spielen vor Gericht kaum eine Rolle, und sie sind ja auch bei einer Verhandlung noch gar nicht zwingend absehbar. Auch im Gesetzestext finden sie keine Berücksichtigung.

Neue Fragen

Vielleicht ist unser Einzelfall weder besonders spannend noch allgemein aussagekräftig. Die Situation an sich ist kaum geeignet, eine Podcast-Folge zu füllen. Auch filmreif ist sie sicher nicht, denn die vorläufige Festnahme des Täters erfolgte bereits knapp drei Stunden nach der Tat. Statistisch gesehen verschwindet unsere Geschichte in der Masse hunderttausender Körperverletzungsdelikte.

Dennoch ist es faszinierend: Der Vorfall im August 1992 hat, wenn es hochkommt, zehn Minuten gedauert. Zehn Minuten, in denen ein alkoholisierter, enthemmter, aber wohl auch grundsätzlich gewaltbereiter Jugendlicher zum Täter wurde und drei andere Jugendliche zu Opfern machte. Zehn Minuten, die die Macht hatten, vier Leben in erheblicher Weise zu verändern. Zehn Minuten, die stärker als vieles andere prägend auf die Identität der Betroffenen einwirken.

Vor dem Strafgericht ist es oft so. Da werden Taten bewertet, die nur wenige Minuten gedauert haben und nur einen Bruchteil der Lebensspanne der Beteiligten direkt betreffen. Wenige Minuten Fehlverhalten können Jahre im Gefängnis nach sich ziehen. Die Opfer haben eigentlich nicht viel von Urteilen gegen die Täter. Vielleicht erleben sie einen emotionalen Ausgleich. Die Erlebnisse können, wie ich nicht nur aus eigener Erfahrung weiß, mehr oder weniger unabhängig von einer Strafe für den Täter über viele Jahre nachwirken.

Für mich wirft mein Erlebnis allerdings Fragen auf, die über den Fall und mein autobiografisches Interesse hinausgehen. Diese Fragen würden sich wohl auch aus vielen anderen Situationen herleiten lassen. Daher ist mein Erlebnis nicht mehr als ein Beispiel, insbesondere für die Folgen, die es haben kann, wenn man Opfer von Gewalt wird. Meine Fragen sind sehr unterschiedlich. Ich führe sie hier unstrukturiert auf, mit kurzen Erläuterungen.

Wie viele Opfer von Gewalt gibt es in Deutschland?

Diese Frage ist nur scheinbar quantitativer Natur. Denn hinter jeder statistischen Zahl steckt eine Geschichte. Nur ein Gedankenspiel: Würde über jedes in der Kriminalstatistik erfasste Gewaltdelikt (Körperverletzungsdelikte, sexuelle Gewalt, Raub, Freiheitsberaubung, Totschlag und Mord) ein Buch veröffentlicht, würde sich die Zahl der Erstauflagen auf dem deutschen Buchmarkt verneunfachen.

Bedacht werden muss auch, dass es neben den direkten Opfern auch die indirekten gibt: die Angehörigen der Opfer und die der Täter, die durch ihre Sorgen und Ängste ebenfalls beteiligt sind.

Auch Opfer von Einbrüchen und Raubüberfällen, die rein körperlich gar nicht zu Schaden kommen, können psychisch doch erhebliche Folgen zu tragen haben. Ich gehe davon aus, dass unzählige Menschen Situationen ausgesetzt waren, die einer Aufarbeitung bedürfen.

Wie viele Opfer tragen die Folgen von Straftaten über lange Zeit ohne Aufarbeitung mit sich herum?

Wie viele Opfer erhalten wohl die Gelegenheit zu einer Aufarbeitung und werden optimalerweise auch noch begleitet? Wann ist ein Opfer bereit, sich mit dem Erleben und seinen Folgen auseinanderzusetzen? Was geschieht während dieser Auseinandersetzung? Und was ist die Folge, wenn man zu einer Auseinandersetzung nicht bereit ist? Wie viele psychische Störungen gehen aus dem Erleben von Gewalt hervor? Wie viele Suizide haben damit zu tun, dass Gewalterfahrungen nicht bewältigt werden konnten?

Aus meiner eigenen Erfahrung weiß ich, dass das Bedürfnis einer Aufarbeitung sehr spät und aus heiterem Himmel entstehen kann. Diese Aufarbeitung kann dann unerwartet aufreibend werden.

Was bedeutet das für Verjährungs- und Aufbewahrungsfristen?

Ärztliche Aufzeichnungen müssen zehn Jahre aufbewahrt werden. Opfer können jedoch nicht planen, wann sie eine Akteneinsicht brauchen, um ihre Geschichte aufzuarbeiten. Für manche Opfer spielen die Folgen von Gewalterleben auch noch fünfzig oder sechzig Jahre später eine Rolle. Im Zeitalter der

Digitalisierung lassen sich Aufbewahrungen technisch gut lösen. Die Frage ist aber, was aus Sicht des Datenschutzes dazu zu sagen ist. Es ist immer ein Abwägen, bei dem unterschiedliche Interessen miteinander in Einklang zu bringen sind.

Für meine persönliche Geschichte, die ja gerichtlich abgeschlossen ist, spielt das Thema *Verjährung* keine Rolle. Aber in die Gesamtschau muss einbezogen werden, dass nicht jeder Täter ermittelt und in einer fairen Verhandlung vor Gericht gestellt werden kann. Es gibt auch Fälle, bei denen die Taten dem Täter nicht nachweisbar sind. Diese dürften für die Opfer zusätzlich belastend sein.

Die Verjährungsfrist für eine einfache Körperverletzung liegt bei gerade einmal fünf Jahren, die für eine schwere Körperverletzung bei zehn. Wenn jemand zum Beispiel bei einer Kneipenschlägerei einen Nasenbeinbruch nach einem Faustschlag ins Gesicht erleidet, dann muss er eine Strafverfolgung innerhalb von fünf Jahren anstoßen. Aus meiner Sicht erlischt die moralische Schuld nicht nach fünf Jahren, aber die praktische Verfolgung des Delikts wird mit der Zeit schwieriger. Welche Sachbeweise können nach fünf Jahren noch angeführt werden? Und welchen Sinn hätte die Strafverfolgung eines solchen Täters, wenn er sich vorher und nachher nichts mehr hat zu Schulden kommen lassen?

Was ist aber bei anderen Taten, wenn es ein enges Verhältnis zwischen Täter und Opfer gibt? Eine emotionale Bindung, die zu einer Hürde führt, Gewalt und Verletzungen bei der Polizei anzuzeigen. Dann können fünf Jahre sehr wenig sein, um sich aus der Abhängigkeit zu lösen und gegen Peiniger vorzugehen.

Die Verjährungsfrist von *Straftaten gegen die sexuelle Selbstbestimmung* ist kompliziert. Es kommt auf die Schwere der Tat an. Es gibt sexuelle Übergriffe, auch solche gegen Kinder, die als minderschwer gelten und bereits nach fünf Jahren verjähren. Vergewaltigungen verjähren nach zwanzig Jahren.

Es gibt zudem hinsichtlich der Verjährungsfristen noch Entwicklungen und Ereignisse, die zu sogenannten Ablaufhemmungen führen, zum Beispiel, wenn es dem Täter gelingt, ins Ausland zu fliehen.

Sogar die Tötung eines Menschen kann verjähren, solange sie kein Mord war. Dabei ist gar nicht die Tat selbst entscheidend, sondern die Möglichkeit eines Tatnachweises.

Die Tötung von *Lolita Brieger* im Jahr 1982 blieb beispielsweise straffrei. Ihre Leiche wurde erst 29 Jahre nach ihrem Verschwinden gefunden. Der Täter, ihr damaliger Partner und Vater des ungeborenen Kindes, wurde durch eine Zeugenaussage im Jahr 2011 identifiziert. Er machte aber von seinem Zeugnisverweigerungsrecht Gebrauch.

Mord konnte bei der gerichtsmedizinischen Untersuchung nicht mehr nachgewiesen werden. Nach 29 Jahren gaben die sterblichen Überreste keine Auskunft mehr über die Todesursache. Zeugen, deren Aussagen für einen Mordnachweis genügt hätten, gab es auch nicht. Totschlag aber war nach zwanzig Jahren verjährt. So konnte der Täter das Gericht als freier Mann verlassen.

Es mag Stimmen geben, die sagen, dass eine Haftstrafe für jemanden, der sich 29 Jahre lang nichts mehr hat zu Schulden kommen lassen, gar nicht mehr sinnvoll ist. Aber da ist ein Mensch gestorben. Fahrlässigkeit, Unfall oder dergleichen sind auszuschließen. Der Täter steht zweifelsfrei fest. Sollte das nicht gesühnt werden? Sollte ein solcher Täter mit der Tötung eines Menschen straffrei weiterleben können?

Was kann man vorbeugend tun, damit weniger Menschen Gewaltopfer werden?

Leider werden wir erst durch tatsächliche Gewaltakte darauf aufmerksam, dass es schon vorher eine Bereitschaft zur Gewalt gegeben haben muss. Im Rahmen der Täterarbeit gibt es klare Erkenntnisse. Unterschiedliche Faktoren sind von Bedeutung: Sozial festigende und Rückhalt gebende Strukturen und sinnstiftende Tätigkeiten, vor allem Arbeit, stellen eine wichtige Basis dar. Hinzu kommt eine persönliche Stabilität mit positivem Selbstbild.

Einen weiteren Faktor, der mir persönlich wichtig ist, aber nur im Zusammenspiel mit den genannten anderen Faktoren wirksam sein kann, möchte ich hier etwas stärker betonen.

Die Hochschule für Soziale Arbeit in München hat in einem Modellversuch nachgewiesen, dass Straftäter, die per richterlicher Auflage ausgewählte Bücher lasen und an reflektierenden Gesprächen darüber teilnehmen mussten, davon deutlich profitierten und seltener rückfällig wurden. Die sogenannten Lese-Weisungen aus dem Konzept *Lesen statt Strafe* haben einen nachgewiesenen prosozialen Erfolg.

Vergleichbares ist aus der Täterarbeit bei sexueller Gewalt bekannt. Das Einnehmen der Opferperspektive hat einen senkenden Einfluss auf Rückfallquoten. Die Täter müssen dann im Rahmen einer Gruppentherapie ihre eigenen Taten vor anderen aus Sicht ihrer Opfer schildern.

Bei beidem geht es um die Empathie fördernde und Perspektiven erweiternde Arbeit mit Geschichten, seien es nun echte oder literarische. Präventiv müssten wir doch in Kitas und Schulen *Empathie* und *Friedfertigkeit* viel stärker in den Blick nehmen, unter anderem indem wir Geschichten erzählen.

Die Interpretation von Literatur sollte nicht vor allem in kognitive Prozesse münden, sondern auch auf empathisches Verständnis setzen. Die Auswahl von Büchern müsste genau dies berücksichtigen. Neben dem literarischen Wert müsste der pädagogische eine größere Rolle spielen. Bücher, die durch Umfang und Komplexität abschrecken oder Widerstände erzeugen, werden sich kaum positiv auswirken können. Bücher, die für Kinder bzw. Jugendliche ansprechend sind, müssten eher pädagogisch als fachdidaktisch eingebettet sein, um sich empathiefördernd auswirken zu können.

Bewertungen

Als Martin Ende August 1992 wieder in die Schule ging, hat einer seiner Mitschüler den Vorfall auf Grundlage seiner Lektüre der Zeitungsartikel kommentiert. Er stellte uns drei Opfer als schwach und lächerlich hin. Drei gegen einen? Das hätten die drei auf jeden Fall gewinnen müssen. Dies war seine Meinung, mit der er nicht hinterm Berg hielt.

Stimmt das? Hätten wir gewinnen müssen? Was bedeutet überhaupt „gewinnen“? Ich bin aus heutiger Sicht stolz darauf, wie wir drei uns verhalten haben. Wir haben lange alles dafür getan, eine Deeskalation zu erreichen. Auch als der Angreifer längst Grenzen überschritten hatte, haben wir uns nicht auf einen Kampf eingelassen, sondern weiterhin versucht, die

Situation zu entschärfen. Als sich das als hoffnungslos erwies, bemühten wir uns, einen Abstand zwischen ihm und uns herzustellen. Erst als es fortgesetzte direkte Angriffe gab, haben wir diese abzuwehren versucht. Von uns ging kein Verhalten aus, das den Konflikt befeuert hätte. Diese körperliche Auseinandersetzung liegt einzig und allein in der Verantwortung des Angreifers.

Ob man einen solchen Kampf „gewinnen" kann, wenn es denn diese Wortwahl sein soll, hängt nicht von der Frage ab, ob man in der Überzahl ist. Wenn man kein Selbstverteidigungsprofi ist, der einen Gegner so festhalten kann, dass der sich nicht mehr bewegt, geschweige denn angreift, dann wird es schwierig.

Man muss in der Lage sein, selbst eine Schwelle zu überschreiten. Man darf sich dann nicht darauf beschränken, einzelne Angriffshandlungen abzuwehren, so wie wir es versucht haben. Man muss zum Gegenangriff ansetzen, und dazu gehört in letzter Konsequenz auch die Verletzung des Angreifers.

Der Gesetzgeber hat die *Notwehr* in Paragraph 32 des Strafgesetzbuchs dargestellt. Wenn man sich nicht anders gegen einen gegenwärtigen Angriff schützen kann, bleibt Gewalt gegen einen Angreifer straffrei. Man hat tatsächlich kaum eine andere Wahl, als den nicht anders aufzuhaltenden Täter durch den Einsatz eigener Gewalt in einen Zustand der Kampfunfähigkeit bringen, sofern man dazu in der Lage ist.

Wer jedoch nicht in der Lage ist, diese Schwelle zu überwinden und einem Gegner beispielsweise mit der Faust ins Gesicht zu schlagen, ist kein Verlierer, sondern eben friedfertig. Wer weiß, ob ein Gegenangriff überhaupt klug gewesen wäre? Mit seiner großen Menge Alkohol im Blut und mit seinem vermutlich erhöhten Adrenalinspiegel hätte der Täter wohl auf eigene Verletzungen nicht mit Kampfaufgabe reagiert, sondern vielleicht doch noch sein Messer gezogen. Hätten wir uns also besser wehren können? Ich glaube, dass wir das, was uns möglich war, getan haben. Jede Handlung, die geeignet gewesen wäre, die Wut des Täters weiter zu steigern, ohne seine Kampfunfähigkeit zu bewirken, hätte unter Umständen das ohnehin hohe Maß an Gefahr weiter gesteigert.

Ein wesentlicher Unterschied zwischen ihm und uns war eben seine *Gewaltbereitschaft*, also die Blindheit gegenüber dem „Antlitz des anderen", die nicht vorhandene Hemmung, jemanden zu verletzen.

Das öffentliche Interesse an Körperverletzungen ist im Vergleich zu anderen Straftaten nicht sonderlich groß. Mord und Totschlag sind spektakulärer. Von Kriminalromanen über Fernsehkrimis bis hin zu True Crime-Podcasts: Es werden eher schwerwiegendere oder sehr ungewöhnliche Verbrechen dargestellt. Aus Sicht des Unterhaltungswerts kann ich das nachvollziehen.

Wenn es aber darum geht, etwas zu lernen, müssen wir gesellschaftlich auf vielen Ebenen auch diese vermeintlich kleinen Gewaltdelikte stärker in den Blick nehmen. Sexuelle Gewalt wie auch Körperverletzung haben viel mit einer grundsätzlichen Bereitschaft zum Überschreiten der Grenzen anderer zu tun. Die hohe Zahl der Taten, die durch die Kriminalstatistik deutlich wird, zeigt auf, wie viele Menschen betroffen sind und möglicherweise einer Aufarbeitung bedürfen. Diese Taten sind in der Regel, wenn auch in unterschiedlicher Weise, zutiefst entwürdigend. Schon Kinder wissen, dass eine Ohrfeige seelisch mehr schmerzt als körperlich.

Happy End?

Die Integration dieser Ereignisse in mein Leben empfinde ich nach wie vor als Arbeit, die Zeit und Energie kostet. Wenn meine Gedanken in dieses Thema abschweifen, dann bleiben sie erst einmal daran haften, und ich spüre die bedrückende Schwere der Erkenntnis, wie groß die Gefahr damals war und wie prägend die Situation sich auf mein weiteres Leben ausgewirkt hat.

Interessant finde ich, dass ich seit Beginn dieser Aufarbeitung leichte Schmerzen im Oberarm spüre. Der Psychotraumatologie-Experte Lutz Besser hat sich meine Geschichte angehört und gesagt, dass dies *Körperreste* sein können. Dies war keine abgeschlossene Diagnose, sondern nur der Hinweis auf diese Möglichkeit: Neben der bewussten Erinnerung, die im Denken stattfindet, gibt es auch Informationen, die unser Körper speichert. Als ich versucht habe, den Tritt des Täters abzufangen, war meine Oberarmmuskulatur stark angespannt. Es kann also sein, dass sich hier im Zuge meiner Erinnerungsarbeit das Körpergedächtnis gemeldet hat.

Lange Zeit habe ich den Vorfall und alles, was ihm folgte, hingenommen. Ich habe ihn rein gedanklich eingeordnet. Jetzt war ich eben einer, dem so etwas passiert war. Dass diese Art der Einordnung eher ein Schutzreflex als eine Aufarbeitung ist, war mir lange nicht bewusst.

Erst als Martin den Angriff auf mich im Januar 2023, also mehr als dreißig Jahre danach, noch einmal geschildert hat, hat mich unsere Geschichte wirklich bewegt. Ich spürte Mitgefühl mit Sascha, den die ersten Faustschläge trafen. Ich fühlte mit Martin, der mit seinen 15 Jahren Opfer und machtloser Zeuge wurde, und ich fühlte erstmals auch mit dem 17-Jährigen, der ich damals war.

Wenn ich aber daran denke, stelle ich mir die Situation nicht aus der Perspektive vor, die ich damals hatte. Ich sehe keinen über mir stehenden, tretenden und prügelnden Angreifer. Ich sehe mich von außen, aus etwa zehn Metern Entfernung, und den Täter sehe ich nur in der Rückansicht.

Es kann einen therapeutischen Wert haben, die Ereignisse noch einmal Revue passieren zu lassen und dabei den Punkt abzupassen, an dem sie ein traumatisierendes Ausmaß annehmen. Ab diesem Punkt kann es nützlich sein, der Geschichte ein anderes Ende zu geben. Ein Happy End.

Da sind für mich gleich mehrere Varianten denkbar. Ich kann mir vorstellen, beim Sturz auf den Boden nicht mit dem Kopf aufzuschlagen, sondern mich elegant wie ein Action-Held abzurollen, wieder aufzustehen und den Angreifer durch einen gezielten Schlag ins Gesicht zu Boden zu strecken.

Doch wenn wir schon bei wehrhaften Interventionen sind, wäre eine sehr viel frühere Gegenwehr noch besser. Den allerersten Schlag gegen Sascha hätten wir bereits abfangen und dann den Angreifer überwältigen müssen.

Diese beiden Varianten der erfolgreichen körperlichen Gegenwehr sind sicherlich filmreife, vom Actionkino geprägte Vorstellungen. Als *Happy End* könnte ich sie aus heutiger Sicht nicht empfinden. Die Vorstellung dieser beiden Szenen ist für mich übertrieben und dadurch eher seltsam.

Eine andere Möglichkeit, die auch im Kontext von Selbstverteidigung eine Rolle spielt, ist der Einsatz der Stimme. Wenn wir alle drei einen Schritt auf den Täter zugegangen wären und aus voller Kraft „Hör auf!“ gebrüllt hätten, hätte ihn das vielleicht beeindruckt. Die Vorstellung ist schön, aber letztlich auch nicht so schön, dass sie mein Happy End darstellen könnte. Ein Happy End wäre für mich vielleicht gewesen, wenn unsere Beruhigungsversuche ihn doch erreicht hätten. Das hieße aber, dass wir gar nichts anders gemacht hätten. Er hätte eben anders reagieren müssen. Ich habe keine Vorstellung, wie ich mich hätte sinnvoller verhalten können. Martin, Sascha und ich haben uns nichts vorzuwerfen. Ich muss der Situation kein Happy End geben, weil mein Integrationsbedürfnis sich auf ganz andere Aspekte bezieht. Das sind zum einen die Anerkennung der Gefährlichkeit und zum anderen die Einordnung der Folgen.

Wenn ich heute in den Supermarkt gehe, denke ich manchmal an den Täter. Das verändert meine Wahrnehmung anderer einkaufender Männer. Ich unterziehe sie flüchtig einem prüfenden Blick. Es gibt viel zu wenig Anhaltspunkte, um jemanden zu identifizieren. Dennoch denke ich, es könnte ein Erkennen geben. Die verlorene Erinnerung an unsere Begegnung könnte wie aus dem Nichts wieder auftauchen. Es ist aber wohl eher unwahrscheinlich.

Im April 2023 sind Martin und ich gemeinsam zum Busbahnhof in Senden gegangen. Das haben wir vermutlich nach dem Vorfall schon öfter getan, aber diesmal haben wir den Busbahnhof nicht als Busbahnhof, sondern als *Tatort* besucht. Ich hatte Martin gebeten, mir noch einmal ganz genau zu zeigen, wo ich beinahe bewusstlos gelegen hatte.

Doch so genau war das gar nicht möglich, denn die Straßenführung hat sich inzwischen verändert. 1992 führte die Gartenstraße noch gerade am Busbahnhof vorbei. Heute ist dort ein Kreisverkehr, der die Straßenführung unterbricht. Eine große

Einmündung in den Busbahnhof gibt es nicht mehr, stattdessen zwei kleine. Die eine führt direkt aus dem Kreisverkehr in den Busbahnhof, die andere zweigt vom kurzen Stück zwischen der Stever-Brücke und dem Kreisverkehr ab. Diese straßenbaulichen Maßnahmen hatten auch eine Veränderung der Gehwegführung zur Folge: So ist eine kleine Fußgängerinsel zwischen den Einmündungen entstanden. Auch die Technik hat sich weiterentwickelt. Eine Telefonzelle gibt es an dem Ort längst nicht mehr.

So konnte Martin mir die Stelle, an der ich gelegen haben muss, nur ungefähr zeigen. Neben der neuen Wegführung waren nun auch Hecken am Gehwegrand gepflanzt worden. Auf der Website des Kreises Coesfeld gibt es im Bereich des Katasteramts Luftbilder, die die Straßenführung vor und nach dem Umbau zeigen. Details, wie zum Beispiel eine Telefonzelle, sind darauf nicht zu erkennen. Manchmal denke ich, dass ein Foto des Tatorts inklusive Telefonzelle für mich hilfreich wäre. Aber ob es wirklich etwas bewirken würde, ist zweifelhaft.

Der Besuch des Tatorts jedenfalls hatte keinen nennenswerten Effekt. Das lag aber vermutlich nicht nur daran, dass die Erinnerung sich weiterhin verborgen hält. Traumatisches Ereignis, Schädel-Hirn-Trauma mit Amnesie, dreißig vergangene Jahre. Es gibt mehr als nur einen Grund, der erklärt, warum ich davon ausgehen muss, dass die Erinnerung vermutlich nie zurückkommen wird. Und damit kann ich leben.

Es gibt ein Zitat von Friedrich Schiller, das aus dem zweiten Teil seiner Wallenstein-Trilogie stammt: „Tiefere Bedeutung liegt in dem Märchen meiner Kinderjahre als in der Wahrheit, die das Leben lehrt.“ Eine Brücke zu schlagen zwischen biografischen Ereignissen und der Form des Märchens, erschien mir als interessante Möglichkeit, eine zusätzliche Perspektive einzubringen. Ein Märchen stellt Zusammenhänge weniger konkret dar. Es fasst die Dinge bildhaft zusammen und erzeugt so ein Symbol für einen Sachverhalt. Hier folgt nun mein am Ende des Aufarbeitungsprozesses entstandener Versuch, den Vorfall als Märchen zu erzählen:

Es waren einmal drei Helden: ein junger Prinz, sein Bruder und ein Freund. Gemeinsam zogen sie aus, um ein kleines, harmloses Abenteuer zu erleben. Sie waren noch nicht weit gekommen, da stellte sich ihnen ein zorniger Drache in den Weg. Zwei Jungfrauen waren bei ihm. Nun wollte der Drache seine Macht zeigen und forderte Heldenblut. So sehr sich die drei jungen Helden auch mühten, es gelang ihnen nicht, das Untier zu besänftigen. So kam es zum unausweichlichen Kampf.

Der Freund wurde im Gesicht verletzt, sodass er fortlief, um sich in Sicherheit zu bringen. Der Bruder wurde im Versuch zu fliehen vom weiter wütenden Drachen getroffen und zog sich einige Schrammen zu. Da stellte sich der Prinz dem Drachen in den Weg und versuchte, die Angriffe abzuwehren. Dabei aber wurde er zu Boden geschleudert und schlug mit dem Kopf gegen einen Stein. Obwohl der Prinz nun besiegt war, war des Drachen Zorn noch nicht verraucht und er führte weitere Angriffe gegen den am Boden Liegenden. Erst als der Bruder und die Jungfrauen den Drachen anriefen, er möge vom Prinzen ablassen, und als auch noch zwei Reisende des Weges kamen, schwang er schließlich seine Flügel und flog davon.

Der Prinz aber hatte sich den Kopf am Stein des Vergessens gestoßen und wusste nun nicht mehr, woher er kam und wo er war. Sein Bruder musste ihm helfen, nach Hause zu kommen.

Die Verletzung war so schwer, dass er für eine Weile das Bett hüten musste. Schließlich wurde er wieder gesund. Nur sein hin und wieder schmerzender Kopf erinnerte ihn noch an den Kampf. Ein Gefühl von Glück und tiefer Dankbarkeit erfüllte den Prinzen, denn er wusste, dass so mancher Held seinen Drachenkampf nicht überlebt hatte.

Ein fremder König nahm sich des Drachen an und bestimmte, dass dieser dem Prinzen über vier Jahre jeden Monat ein Goldstück schicken musste. Andernfalls würde er aus Stadt und Reich verbannt. Der Drache folgte den Worten des Königs und schickte dem Prinzen das Gold nach und nach.

Die drei Helden aber stellten fest, dass der Kampf mit dem Drachen, den sie lange verloren geglaubten hatten, ihnen in Wahrheit neue Kräfte verliehen hatte.

Der Freund lernte, Gefahren auszuweichen.

Der Bruder erfuhr, dass er alles richtig gemacht und dem Prinzen sehr geholfen hatte.

Und der Prinz selbst hatte einen besonderen Blick für Verzauberungen gewonnen.

Die Form des Märchens erforderte, die Sachverhalte zu komprimieren und sie in Bilder zu fassen. Deutlich wurden mir durch diesen Versuch vor allem zwei Aspekte, die sich als neue oder ergänzende Gedanken erwiesen haben:

Der zornige Drache ist für mich ein stimmiges Bild. Ein Drache ist von Trieben geleitet. Der Täter muss von mir nicht in den ohnehin unbekannten Tiefen seiner Biografie und Persönlichkeit verstanden werden. Er ist uns als zorniger Drache erschienen. Eine andere Rolle hatte er nicht.

Außerdem greift das Märchen das *Gewinnen* auf und ergänzt die vordergründige Bedeutung des Begriffs. Es zeigt, dass hier noch eine Bewertung fehlte. In der Reflexion hatte ich das Gewinnen des Kampfes zunächst auf situativ-körperliche Weise definiert und mir somit die Deutung von Martins Mitschüler aufzwingen lassen. Das ist in gewisser Hinsicht richtig, aber nicht die einzig gültige Auslegung. Der Gewinn war nicht ein niedergerungener Gegner, sondern die persönliche Weiterentwicklung. Um einen niedergerungenen Gegner als Gewinn sehen zu können, müsste eine körperliche Auseinandersetzung einvernehmlich festgelegten Regeln folgen.

Für mich sind Märchen, Gedichte und andere Formen in besonderer Weise geeignet, um ein Ereignis darzustellen. Dabei geht es nicht mehr um das Finden einer letzten Wahrheit, sondern um subjektive Wahrhaftigkeit, die in einem poetischen Symbol verdichtet ist. Es mag ein Zufall sein, aber meine Schmerzen im Oberarm, die sich über vier Monate lang bemerk gemacht hatten, waren am Tag, nachdem ich dieses Märchen geschrieben habe, verschwunden.

Mich bewegt, dass mein Leben sich nach den Vorfall und wohl auch als eine Folge daraus insgesamt in eine unerwartete Richtung entwickelt hat. Das führt mich zum großen und möglicherweise überstrapazierten Begriff *Schicksal*. Ich denke diesen Begriff nicht als Vorherbestimmung, denn daran glaube ich nicht. Für mich ist ein schicksalhaftes Ereignis eines, das sich elementar auf ein Leben auswirkt. Der Vorfall hat sich doppelt ausgewirkt: Es gab ein erschreckendes Ausmaß an Gefahr im Damals. Und es gibt das Glück, mein Heute trotz gelegentlicher Kopfschmerzen als stimmig empfinden zu können.

Wahrscheinlich erlebe ich die Beschäftigung damit auch deshalb als *bewegend*, weil sie sich tatsächlich zwischen diesen Aspekten *bewegt:* der Gefahr und der guten Wendung danach. Oder anders: Entwürdigung und Poesie.

Es ist wie bei einem schwingenden Fadenpendel. Die Distanz zwischen den Wendepunkten wird langsam immer kleiner, aber die Ruheposition kann es erst einnehmen, wenn die Energie des Schwungs vollständig verbraucht ist; und wie bei einem Windstoß kann schon ein kleiner Impuls von außen genügen, das Pendel neu in Bewegung zu setzen.

Hilfreiche Quellen

Ich habe diesen Text nicht wissenschaftlich erarbeitet, sondern eine freie Form gewählt, die sich irgendwo zwischen Essay und autobiografischer Erzählung bewegt. Dies ermöglicht die persönliche Auseinandersetzung mit einem Thema und lässt alle Gedanken zu. Das eine oder andere habe ich recherchiert, mich aber dabei kaum auf fachspezifische Werke gestützt.

Im Wesentlichen fand ich einige True Crime-Podcasts sehr hilfreich. Ich habe Wert darauf gelegt, dass diese Podcast-Episoden nicht reißerisch, sondern journalistisch seriös waren.

Sieben besondere Folgen möchte ich hier empfehlen. Sie finden sich im Angebot einschlägiger Podcast-Portale und können dort gehört werden.

Ein Toter zum Geburtstag – „Scheiße gebaut"
Die juristische Unterscheidung der verschiedenen Formen von Körperverletzungen wird gut nachvollziehbar in der Folge *Ein Toter zum Geburtstag – „Scheiße gebaut"* (24.10.2022) des SWR-Podcasts *Sprechen wir über Mord?!* erläutert. Hier ist der ehemalige Bundesrichter Prof. Dr. Thomas Fischer beteiligt.

Die schweigenden Zeugen
Der Angriff auf Mark Herbert, der nun querschnittsgelähmt ist, wurde im Podcast von Aktenzeichen XY am 29. September 2022 unter dem Titel *Die schweigenden Zeugen* (Folge 3) veröffentlicht.

Tatort U-Bahn: Neonazi schlug Schüler nieder

Die Tat aus der Nürnberger U-Bahn im Jahr 2010, bei der ein 17-jähriger Schüler von einem Neonazi schwer verletzt wurde, findet sich in der Podcast-Reihe *Abgründe* von Nordbayern.de, dem Online-Dienst der Nürnberger Nachrichten (Folge 61, 05.05.2023).

Tödliche Angeberei

Diese Podcast-Episode der Reihe *Zeit Verbrechen* von Sabine Rückert und Andreas Sentker berichtet sehr anschaulich und differenziert von den Kudamm-Rasern. Veröffentlicht wurde sie am 08.02.2022.

Rasen ist Mord: Auf den Spuren der Kudamm-Raser

Denselben Fall stellt auch der MDR-Podcast *Die Spuren der Täter* vor, veröffentlicht am 19.10.2022. Diese Darstellung setzt andere Schwerpunkte als *Zeit Verbrechen.* Die Darstellungen der beiden Podcasts ergänzen sich allerdings sehr gut.

29 Jahre ungelöst: Der Fall Lolita Brieger

Die ungesühnte Tötung von Lolita Brieger wurde bereits in unterschiedlichen Podcasts dargestellt. Ich empfehle *29 Jahre ungelöst: Der Fall Lolita Brieger* (Folge 84), veröffentlicht bei *Verbrechen von nebenan* am 18. September 2022.

Eine schicksalhafte Begegnung

Diese Episode der Reihe *Aktenzeichen XY* stellt sehr anschaulich die von Kopfverletzungen ausgehende Gefahr dar. Veröffentlicht wurde sie als Folge 19 am 10.05.2023.

Neben diesen Podcast-Episoden habe ich per Google-Suche unterschiedlichen Quellen verwendet, um die Daten aus der Kriminal- und Justizstatistik zu ermitteln, unter anderem im Angebot von Destatis.

Außerdem habe ich über Hirnverletzungen und über daraus resultierende Veränderungen der Persönlichkeit recherchiert. In diesem Zuge war ein Artikel sehr hilfreich.

Homosexuell nach Schlaganfall: Plötzlich schwul

Der von Marten Rolff geschriebene Artikel wurde am 8. Juni 2014 in der Süddeutschen Zeitung veröffentlicht und war zuletzt kostenlos online abrufbar: https://www.sueddeutsche.de/leben/homosexuell-nach-schlaganfall-ploetzlich-schwul-1.1982995

Von den wenigen Fach- und Sachbüchern, mit denen ich mich im Zuge der Aufarbeitung beschäftigt habe, möchte ich zwei besonders hervorheben:

- Julia Shaws Buch „Das trügerische Gedächtnis“ (Carl Hanser Verlag, 2016) beschreibt fachlich fundiert und dabei gut lesbar, wie das Gedächtnis arbeitet.
- „Das bleibt in der Familie“ von Sandra Konrad (Piper Verlag, 2014) beschäftigt sich mit den Auswirkungen von Traumatisierungen auf die Familie.

Danksagung

Ein besonderer Dank geht an meinen Bruder, Martin Peitz, für den Beistand in der Not und den sorgsamen gemeinsamen Rückblick.

Vielen Dank für den Austausch und die redaktionelle Beratung an Dr. Philipp Dördelmann und Dr. Stephan Voß.

Danke auch an Elisabeth Wissing für die Begleitung beim ersten Teil meiner Aufarbeitung und an Michael Leibold für unzählige poetische Impulse.

Außerdem bedanke ich mich für die Unterstützung, für hilfreiche Gespräche und Beratungen bei allen, die zuletzt ein offenes Ohr für meinen Aufarbeitungsprozess hatten, vor allem aber bei Tabea Peitz, Dr. Oliver Geister, Sabine Haupt-Scherer und Dr. Lutz Besser.

Bedanken möchte ich mich zudem bei meinem Vater, Bernd Peitz, für alle Hilfen: vom Einschalten des Rechtsanwalts über das Erledigen des Papierkrams und das Schenken von Isnogud-Comics bis zur sorgfältigen Aufbewahrung aller Unterlagen.

Weiterer Dank geht an das Clemenshospital in Münster und an die Staatsanwaltschaft Münster für das Zurverfügungstellen der noch vorhandenen Dokumente.

Inhalt

Christian Peitz
TimpeTe-Verlag

www.geschichtendenker.de